Estudio de
cristalización de los
**Profetas
Menores**

Tomo Uno

La Palabra Santa para el Avivamiento Matutino

Witness Lee

Living Stream Ministry
Anaheim, CA • www.lsm.org

Primera edición: julio del 2012.

ISBN 978-0-7363-6233-7

Traducido del inglés
Título original: *Holy Word for Morning Revival:
Crystallization-Study of the Minor Prophets, volume 1*
(Spanish Translation)

Publicado por
Living Stream Ministry
2431 W. La Palma Ave., Anaheim, CA 92801 U.S.A.
P. O. Box 2121, Anaheim, CA 92814 U.S.A.

Impreso en los Estados Unidos de América

12 13 14 15 / 5 4 3 2 1

Entrenamiento de verano del 2012

ESTUDIO DE CRISTALIZACIÓN
DE LOS PROFETAS MENORES

Contenido

Prefacio

1. Este libro se publica como una herramienta que ayude a los creyentes a desarrollar el hábito de pasar un tiempo diario de avivamiento matutino con el Señor en Su palabra. Al mismo tiempo, éste provee un repaso parcial del Entrenamiento de verano celebrado en Anaheim, California, del 2 al 7 de julio del 2012, en el que se dio el "Estudio de cristalización de los Profetas Menores". Al tener los creyentes un contacto íntimo con el Señor en Su palabra, la vida y la verdad serán forjadas en su ser, y así ellos serán equipados para profetizar en las reuniones de la iglesia a fin de edificar el Cuerpo de Cristo.

2. El contenido de este libro fue tomado de *Bosquejos del estudio de cristalización de los Profetas Menores,* el texto de la Santa Biblia Versión Recobro y sus notas, textos seleccionados de los escritos de Watchman Nee y de Witness Lee e *Himnos,* todos los cuales son publicados por *Living Stream Ministry.*

3. Este libro se divide en semanas. En cada semana se abarca un mensaje del entrenamiento. Primero se presenta el bosquejo del mensaje, seguido por seis porciones diarias, un himno y espacio para notas personales. El bosquejo del mensaje se divide en seis días, los cuales corresponden a las seis porciones diarias. Cada porción diaria abarca un punto principal y empieza con una sección titulada "Alimento matutino". Esta sección contiene versículos seleccionados y un pasaje breve que provee un rico alimento espiritual cuando uno tiene comunión íntima con el Señor. El "Alimento matutino" es seguido por una sección titulada "Lectura para hoy", una porción más larga que contiene un pasaje del ministerio relacionado con el punto principal del día respectivo. La porción de cada día concluye con una lista breve de referencias para lectura adicional y se provee espacio para que los santos hagan diariamente notas cortas en cuanto a su inspiración, iluminación y disfrute espirituales, a fin de

servir como recordatorio de lo que recibieron del Señor ese día.

4. Al final de cada semana se provee un espacio en el cual pueden redactar una pequeña profecía. Esta profecía puede recopilarse el último día de la semana, al juntar todas las notas, la "cosecha" de las inspiraciones de las seis mañanas previas, a fin de hablarla en la reunión de la iglesia el día del Señor para la edificación orgánica del Cuerpo de Cristo.

5. Después de la última semana de esta publicación se provee una traducción de los títulos en inglés citados en este libro.

6. Además, se provee un horario para la lectura tanto del Antiguo como del Nuevo Testamento en la Santa Biblia Versión Recobro con sus notas. Dicho horario tiene como finalidad ayudar a los santos a leer toda la Versión Recobro con sus notas en dos años.

7. Las tarjetas de versículos que se proveen al final de esta publicación, corresponden a la lectura bíblica de cada día y sirven como una herramienta para ayudar a los santos a alimentarse de la Palabra durante el día. Estas pueden ser desglosadas para tenerlas a mano como fuente de iluminación y nutrimento espirituales en nuestra vida diaria.

8. Los *Bosquejos del estudio de cristalización de los Profetas Menores* del entrenamiento fueron recopilados por *Living Stream Ministry* de los escritos de Witness Lee y de Watchman Nee. Los bosquejos, las referencias y las anotaciones al texto de la Santa Biblia Versión Recobro fueron escritas por Witness Lee. Todas las otras referencias citadas en esta publicación fueron recopiladas del ministerio de Watchman Nee y Witness Lee.

Estudio de cristalización
de los Profetas Menores

Pancartas:

La economía de Dios en Su amorosa disciplina a Israel,
en Sus medidas gubernamentales con respecto
a Israel y en Su juicio sobre las naciones
redunda en la manifestación de Cristo como
centralidad y universalidad de la economía de Dios,
lo cual trae el reino, la era de la restauración.

Nosotros los que creemos en Cristo somos miembros
del Cuerpo de Cristo, que es el organismo del Dios Triuno,
y debemos aspirar a ser vencedores, los valientes,
los que agrandan la manifestación de Cristo
al andar conforme al espíritu mezclado,
los que regresarán con Cristo para derrotar al anticristo
en la batalla de Armagedón
y que serán los co-reyes de Cristo durante el milenio.

La iglesia, como casa de Jehová, la casa del Padre,
es la morada de Dios, el lugar donde Dios
puede obtener satisfacción y descanso,
y donde Dios vive y actúa para cumplir Su voluntad,
satisfacer el deseo de Su corazón y llevar a cabo
Su economía eterna para consumar la Nueva Jerusalén,
Su meta eterna con miras a Su expresión eterna.

Podemos vivir en la historia divina dentro
de la historia humana y entrar en un nuevo avivamiento
para concluir esta era al llegar a la cumbre
de la revelación divina de la economía eterna de Dios
por medio del ministerio de la era,
al llevar la vida del Dios-hombre
y al pastorear a las personas según Dios
para la edificación de la iglesia como casa de Dios,
la morada mutua de Dios y el hombre.

La centralidad y universalidad de Cristo y la unión de Dios y Su pueblo en la que llegan a ser una pareja universal

Lectura bíblica: Mi. 5:2; Jl. 3:16-18; Am. 9:11; Mal. 4:2; Os. 2:19-20

Día 1

I. Al igual que los Profetas Mayores, los Profetas Menores revelan que la economía de Dios en Su amorosa disciplina a Israel, en Sus medidas gubernamentales con respecto a Israel y en Su juicio sobre las naciones redunda en la manifestación de Cristo como centralidad y universalidad de la economía de Dios, lo cual trae el reino, la era de la restauración, que introducirá el universo viejo y arruinado en el cielo nuevo y la tierra nueva con la Nueva Jerusalén (Mi. 5:2; Jl. 3:16-18; Am. 9:11; Mt. 19:28; Hch. 3:21; Ap. 21:1-2):

A. La historia mundial demuestra el cumplimiento de lo que fue profetizado por medio de los profetas; por veintiséis siglos Israel ha estado sufriendo una prolongada disciplina divina (Jl. 1:4).

B. La disciplina que Dios ha aplicado a Israel tiene como propósito que Cristo sea manifestado como el todo, como la centralidad y universalidad de la economía de Dios; esta manifestación traerá la era de restauración (2:25; 3:16-18).

C. Dios se mueve, opera y administra los asuntos mundiales con miras a llevar a cabo Su economía eterna, es decir, para lograr que Cristo sea el todo para la humanidad, a fin de traer el reino, la era de la restauración (Os. 14:1-9; Am. 9:11; Mi. 4:1-4).

Día 2

D. El punto central de todos los profetas es Cristo (Lc. 24:27; Jn. 5:39):

1. La intención de Dios, el deseo de Dios, hace de Cristo la centralidad y universalidad de Su economía (Col. 1:15-18).

2. En el Nuevo Testamento Cristo es el todo y en todos; en el nuevo hombre Cristo es todas las personas y está en todas ellas, y por eso la iglesia

en su totalidad no es otra cosa que Cristo mismo (3:10-11; 1 Co. 12:12).

E. El pensamiento central de los Profetas Menores incluye los siguientes puntos en cuanto a Cristo:

1. Dios juzgará el mundo y, por tanto, los pecadores deben prepararse para encontrarse con Dios (Jl. 3:2a; Am. 4:12; Hch. 17:31).

2. Cristo, como Aquel que es eternamente divino, vino a la tierra y nació como ser humano (Mi. 5:2).

3. Cristo entró en la muerte y salió de ella en la resurrección para propagar la salvación de Dios a todas las naciones (Jon. 1:17; 2:10; 3:2).

4. Los pecadores que se arrepientan y crean en Cristo serán perdonados de sus pecados y justificados por Dios a fin de recibir la vida divina para andar en la luz divina y ser los valientes de Cristo, a quienes Dios enviará juntamente con Cristo en la segunda venida de Cristo (Am. 4:12; Mi. 7:8-9, 18-19; Hab. 2:4; Jl. 3:11b).

5. Cristo se levantará como Sol de justicia y vendrá como Ángel del pacto para reinar en Sion y pastorear a Israel, y entonces se iniciará el milenio de la restauración (Mal. 4:2; 3:1; Mi. 4:1-3, 7b; 5:4; Os. 14:4-8; Ap. 20:4, 6; Mt. 19:28).

II. **La intención de Dios en Su economía eterna es que Él y Su pueblo escogido lleguen a ser una pareja universal (Os. 1:2; 2:19-20; Jer. 2:2):**

A. El énfasis crucial de la revelación impartida por todos los profetas, de Isaías a Malaquías, es que Dios desea tener una unión orgánica con Su pueblo escogido (Os. 2:19-20):

1. En esta unión, Dios es la vida de Su pueblo, y ellos son Su expresión; de este modo, Dios y Su pueblo escogido llegan a ser una pareja universal (Ap. 22:17).

2. Tanto los Profetas Mayores como los Profetas Menores hablan de Dios en calidad de Marido y del pueblo escogido por Dios en calidad de esposa; este pensamiento es plenamente

desarrollado en el Nuevo Testamento (Mt. 9:15; 2 Co. 11:2; Ap. 21:2, 9-10).

B. La Biblia entera es un romance divino, el cual muestra que a través de los siglos Dios ha tenido un romance con el hombre; por lo tanto, la Biblia es un relato de cómo Dios corteja a Su pueblo escogido y finalmente se casa con ellos (Gn. 2:21-24; Cnt. 1:2-4; Is. 54:5; 62:5; Jer. 2:2; 3:1, 14; 31:32; Ez. 16:8; 23:5; Os. 2:7, 19; Mt. 9:15; Jn. 3:29; 2 Co. 11:2; Ef. 5:25-32; Ap. 19:7; 21:2, 9-10; 22:17):

1. Cuando nosotros, el pueblo de Dios, entramos en una relación de amor con Dios, recibimos Su vida, tal como Eva recibió la vida de Adán (Gn. 2:21-22).

2. Esta vida es la que nos capacita para llegar a ser uno con Dios y la que hace que Dios sea uno con nosotros (Jn. 3:3, 5-6, 15-16, 29-30).

3. Al amar al Señor como nuestro Marido y así participar de Su vida y naturaleza, llegamos a ser uno con Él como Su complemento, Su agrandamiento y Su expresión (2 Co. 11:2; 2 P. 1:4; Jn. 3:15-16, 29-30).

4. El romance divino se describe en El Cantar de los Cantares (1:2-4):

   a. En este libro se nos presenta un cuadro vívido y maravilloso, en forma poética, del amor nupcial entre Cristo, el Novio, y los que lo aman, Su novia, en el deleite mutuo que disfrutan en la mezcla de los atributos divinos de Él con las virtudes humanas de quienes lo aman (vs. 15-16; 4:7, 10-15; 5:1-2; 6:4, 10).

   b. Según El Cantar de los Cantares, nuestra relación con el Señor debe ser muy romántica; si no tenemos un romance con el Señor Jesús, entonces somos cristianos religiosos, y no cristianos románticos.

5. Tanto el Antiguo Testamento como el Nuevo son pactos esponsales; todo el Antiguo Testamento y el Nuevo fueron escritos de esta manera (Jer. 2:2):

      a. La Biblia de principio a fin consta de las palabras de cortejo de Dios; en general, la Biblia nos habla de este cortejo divino (2 Co. 11:2).

      b. Si queremos guardar las palabras de cortejo de Dios, debemos tener un amor afectuoso por Él que le responda; esta clase de amor afectuoso que responde se describe en El Cantar de los Cantares, donde encontramos un cuadro del amor entre el Amado y Su amada (1:2-4; 2 Co. 5:14-15; Jn. 14:21, 23).

C. Dios creó al hombre con el propósito de obtener un complemento (Gn. 1:26):

  1. Dios es un enamorado y creó al hombre a la imagen de Él mismo, un enamorado, para que éste lo amara (Mr. 12:30; 1 Co. 2:9).

  2. Dios creó al hombre conforme a Su propio ser (Gn. 5:1-2):

    a. Dios es amoroso, y desea que el hombre lo ame (1 Jn. 4:19).

    b. De este modo habrá una mutua relación de amor entre Dios y la humanidad, aquellos que Él creó para que fuesen Su complemento (Ap. 22:17).

D. Dios escogió a Israel para que fuese Su esposa (Os. 2:19-20; Jer. 2:2; 31:3; Ez. 16:8).

Día 5 E. En tipología ciertas mujeres del Antiguo Testamento revelan que la iglesia es el complemento de Cristo (Gn. 24:67; 41:45; Rt. 4:13; 1 S. 25:40-42; Cnt. 6:13):

  1. La iglesia como complemento de Cristo es tipificada por Eva, el complemento de Adán; el hecho de que Eva procediera de Adán tipifica el hecho de que la iglesia procede de Cristo y posee Su vida y naturaleza (Gn. 2:21-24; Ef. 5:23-32).

  2. Rebeca tipifica a la iglesia como complemento de Cristo en el sentido de que fue escogida del mundo (Gn. 24:67).

  3. Rut tipifica a la iglesia como complemento de Cristo en el sentido de que fue redimida (Rt. 4:13).

4. Abigail tipifica a la iglesia como complemento de Cristo en el sentido de que pelea la guerra en medio de los sufrimientos (1 S. 25:40-42).

5. La Sulamita tipifica a la iglesia como reproducción y réplica de Cristo para complementarlo a Él y así poder casarse con Él (Cnt. 6:13).

Día 6   F. Cuando el Señor Jesús vino, Él vino por la novia en calidad de Novio (Jn. 3:29; Mt. 9:15):

1. El Señor Jesús regenera a la iglesia para que ésta pueda ser Su novia (Jn. 3:3, 5-6, 29-30).

2. El Señor es el Novio que posee la vida y la naturaleza divinas; si hemos de llegar a ser Su novia, nosotros también debemos poseer la vida y la naturaleza divinas (Mt. 9:15; 1:18, 20, 23; Jn. 3:15; 2 P. 1:4).

3. Por medio de la regeneración nosotros recibimos otra vida, la vida divina; en esta vida y por esta vida nosotros somos hechos aptos para ser el complemento de Cristo y Su pareja (Jn. 3:3, 5-6, 15, 29; Ap. 22:17).

G. Al final de esta era Cristo vendrá a casarse con Sus redimidos y a tomarlos como Su esposa (19:7):

1. La era presente es un período en el cual "salimos con Dios", un período de cortejo y compromiso entre Dios y Su pueblo (2 Co. 11:2).

2. Al final de esta dispensación, habrá un glorioso día de bodas, en el que Cristo se casará con Sus redimidos (Ap. 19:7-9).

H. Al final de la Biblia vemos que Dios disfrutará de una vida matrimonial con Su pueblo en la eternidad y por la eternidad (21:9):

1. Por la eternidad en el cielo nuevo y la tierra nueva, la Nueva Jerusalén será la esposa del Cordero (v. 2; 22:17).

2. Éste será el cumplimiento del romance divino revelado en las Escrituras (Jer. 2:2; Os. 2:19-20; Ap. 19:7; 22:17).

Alimento matutino

Mi. (Pero tú, oh Belén Efrata, tan pequeña entre los
5:2 millares de Judá, de ti me saldrá Aquel que será
Gobernante en Israel; y Sus salidas son desde tiempos antiguos, desde los días de la eternidad.)

Lc. Y comenzando desde Moisés, y siguiendo por todos
24:27 los profetas, les explicaba claramente en todas las
Escrituras lo referente a Él.

El contenido de los Profetas Menores incluye la economía de
Dios en Su amorosa disciplina a Israel, al Cristo que es la centralidad y universalidad de la economía de Dios, y muchos puntos
cruciales ... La economía de Dios en Su amorosa disciplina a
Israel, en Sus medidas gubernamentales con respecto a Israel y
en Su juicio sobre las naciones redunda en la manifestación de
Cristo como centralidad y universalidad de la economía de Dios,
lo cual trae la restauración. Según el salmo 2, Cristo, el Rey de
Dios, es el Señor, el Dueño, de la tierra. El mundo entero está bajo
el dominio de Cristo como el "Gerente general". Él no sólo es el
Señor, sino también el Gerente, y como tal Él administra toda la
situación mundial. Ahora eso está bastante escondido, pero un
día Él se manifestará. La economía de Dios sobre esta tierra
redundará finalmente en la manifestación de Cristo. Cuando
esto suceda, todos verán que Cristo es la centralidad y universalidad de la economía de Dios y, como tal, Él traerá la era de restauración. Éste es el primer aspecto del contenido de los Profetas
Menores, un énfasis que se halla también en los Profetas Mayores. (*Life-study of Hosea*, págs. 3-4)

Lectura para hoy

La historia mundial demuestra el cumplimiento de lo que
profetizaron los profetas. Después de sus profecías, las cuales se
dieron siete u ocho siglos antes de Cristo, Dios vino y disciplinó a
Israel al enviar a Nabucodonosor, rey de Babilonia, para que des-
truyera Jerusalén. Desde aquel tiempo, Israel no ha sido reco-
brado. Israel ha sido sometido al dominio de Babilonia, de
Medo-Persia, del Imperio macedonio-griego y del Imperio
romano, el cual sigue influyendo en el mundo entero. Durante

veintiséis siglos, Israel ha sufrido una disciplina larga y divina. Hoy Dios está usando las naciones árabes para disciplinar a Israel.

En [los Profetas Menores también] vemos muchas cosas acerca de Cristo: Su eternidad, Su encarnación en el tiempo, Su muerte, sepultura, y resurrección para propagar la redención y salvación otorgada por Dios a todas las naciones sobre la tierra, Su venida en calidad del Deseado de las naciones y como Sol de justicia, y el hecho de que es Aquel que mora sobre el monte de Sion como refugio y fortaleza para los elegidos de Dios. Mientras Cristo gobierne entre ellos, gobernará toda la tierra desde Jerusalén.

Los Profetas Menores se componen de doce libros, de Oseas a Malaquías. Es probable que en tiempos antiguos estos libros fueran considerados como uno solo. "El libro de los profetas", mencionado por Esteban en Hechos 7:42 cuando citó Amos 5:25-27, podría referirse a este libro colectivo. Estos libros son menores, pero completan la revelación divina respecto a la economía de Dios en el trato que Él aplica a Su elegidos (Israel), y a las naciones, lo cual fue abarcado en detalle en los libros de los Profetas Mayores: Isaías, Jeremías, Ezequiel y Daniel. El Señor Jesús se refirió a todos estos libros —los Profetas Mayores y los Profetas Menores— como "los profetas", en los cuales se escribió de Él (Lc. 24:44). Esto indica que el punto central de todos los escritos de los profetas no es disciplina ni juicio, sino Cristo. Cuando llegamos a los libros de los profetas, debemos interesarnos principalmente en Cristo.

En Hageo 2:7 vemos que Cristo es el Deseado de todas las naciones. Aunque las naciones no conocen a Cristo, lo desean. Todas las naciones desean tener paz y una vida buena, pero la situación en el mundo se opone a esto. Cristo es paz; Cristo también es la buena vida. El hecho de que las naciones desean estas cosas significa que en realidad desean a Cristo. Él es el Deseado de todas las naciones. (*Life-study of Hosea*, págs. 10, 3, 5)

Lectura adicional: Life-study of Hosea, mensaje 1; Estudio-vida de Colosenses, mensaje 1

Iluminación e inspiración:_____
_____

Alimento matutino

Mal.   Mas a vosotros los que teméis Mi nombre, nacerá el
4:2   Sol de justicia y en Sus alas *traerá* sanidad, y saldréis
y saltaréis como becerros bien alimentados.

Os.   Te desposaré conmigo para siempre; sí, te desposaré
2:19-20   conmigo en justicia y en derecho, en benevolencia
amorosa y en compasiones; sí, te desposaré conmigo
en fidelidad, y conocerás a Jehová.

[Miqueas 5:2c] se refiere al origen eterno de Cristo ... El versículo 2a declara que de Belén saldría Aquel que sería Gobernante en Israel. Éste es el único versículo en todo el Antiguo
Testamento donde vemos que Cristo iba a nacer en Belén.

El profeta Jonás tipifica un aspecto adicional de Cristo. Jonás
fue tragado por un gran pez y luego fue vomitado por él a fin de
que la salvación de Dios fuese propagada a los gentiles de Nínive
(Jon. 1:17; 2:10). Esto tipifica el hecho de que Cristo pasó por la
muerte y la resurrección para propagar la salvación de Dios a los
pecadores, aun a los gentiles (Mt. 12:39-41). (*Life-study of Hosea*,
págs. 4-5)

Lectura para hoy

El pensamiento central de los Profetas Menores abarca
muchas cosas, empezando con el juicio de Dios. Dios juzgará el
mundo (Jl. 3:2a). Los pecadores deben prepararse para salir
al encuentro de Dios (Am. 4:12). Cristo, como Aquel que es eterno
y divino, vino a la tierra y nació como ser humano (Mi. 5:2). Él
entró en la muerte y resucitó para propagar la salvación de Dios
a todas las naciones (Jon. 1:17; 2:10; 3:2). Los pecadores que se
arrepientan y crean en Él serán perdonados de sus pecados y
justificados por Dios a fin de recibir la vida divina para andar en
la luz divina y ser los valientes de Cristo, a quienes Dios enviará
juntamente con Cristo en Su segunda manifestación (Am. 4:12;
Mi. 7:18-19; Hab. 2:4; Mi. 7:8-9; Jl. 3:11b). Cristo se levantará
como Sol de justicia (Mal. 4:2) y vendrá como Ángel del pacto
(3:1b) para reinar en Sion (Mi. 4:7b) y pastorear a Israel (5:4).
Entonces se iniciará el milenio de la restauración (Mi. 4:1-3;

Os. 14:4-8; Ap. 20:4, 6; Mt. 19:28). Cuando reunimos todos estos puntos, tenemos el pensamiento central de los Profetas Menores. Los Profetas Menores son menores, pero la revelación que ellos traen es mayor.

El énfasis crucial de la revelación impartida por todos los profetas, de Isaías a Malaquías, es que Dios desea tener una unión orgánica con Su pueblo escogido, como la unión de Adán con Eva. En los escritos de los profetas, Dios expresa Su deseo de tener una unión orgánica con Su pueblo escogido al hacerse la vida de ellos y al hacer de ellos Su expresión. Así Dios y Su pueblo escogido forman una pareja, una persona compuesta, así como Adán y Eva formaron una pareja. Originalmente Adán estaba solo, pero después Eva procedió de Adán. Eva fue edificada con la costilla de Adán para corresponder a Adán, casarse con él y ser su complemento (Gn. 2:21-22). Finalmente, ambos llegaron a ser uno en naturaleza y en vida. Esto tipifica lo que Dios desea. El deseo de Dios es unirse a Su pueblo escogido para formar una pareja universal, que en Apocalipsis 22:17 se llama "el Espíritu y la novia". Puesto que ésta es la intención de Dios en Su economía eterna, los Profetas Mayores y los Profetas Menores se refieren a Dios como el Marido y al pueblo escogido de Dios como la esposa. El Nuevo Testamento desarrolla plenamente este pensamiento, pero los profetas fueron los primeros en revelarlo.

La intención de Dios, Su deseo, hace de Cristo la centralidad y la universalidad en la economía de Dios. En el Nuevo Testamento, Cristo es el todo y en todos (Col. 3:11). Cristo es todas las personas y está en todas ellas. Finalmente, la iglesia en su totalidad no es otra cosa que Cristo mismo.

Hemos visto que parte del contenido de los Profetas Menores es que la economía de Dios en Su amorosa disciplina a Israel, es decir, en Sus medidas gubernamentales con respecto a Israel y en Su juicio sobre las naciones, redunda en la manifestación de Cristo como centralidad y universalidad de la economía de Dios, lo cual trae la restauración. El instrumento utilizado por Dios para disciplinar a Israel ha sido, y sigue siendo, las naciones. (*Life-study of Hosea*, págs. 9-10)

Lectura adicional: Life-study of Hosea, mensajes 2-3

Iluminación e inspiración:_____

_____

Alimento matutino

Jer. Desde lejos Jehová se me apareció, *diciendo:* Con
31:3 amor eterno ciertamente te he amado, por eso, te he
atraído con benevolencia amorosa.

Jn. El que tiene la novia, es el novio; mas el amigo del
3:29-30 novio, que está *allí* y le oye, se goza grandemente de
la voz del novio; así pues, éste mi gozo se ha colmado.
Es necesario que Él crezca, pero que yo mengüe.

En el transcurso de los siglos, Dios ha tenido un romance con
el hombre ... La Biblia entera es un romance divino. Esto significa que la Biblia es un libro muy romántico. Tal es particu-
larmente el caso del libro El Cantar de los Cantares. Ciertos
modernistas se preguntan si El Cantar de los Cantares debe
estar incluido en la Biblia. Incluso algunos maestros cristianos
han albergado dudas acerca de este libro. Cuando yo era joven,
también me preguntaba por qué este libro se encontraba en la
Biblia, un libro que trata de un romance entre un hombre y una
mujer. Este libro describe la relación de amor entre nosotros y
Cristo ... La Biblia es un romance divino, y nuestra relación con
el Señor debería ser más y más romántica. (*Estudio-vida de
Éxodo*, págs. 635, 638)

Lectura para hoy

Como romance divino, la Biblia es un relato completo de
las galanterías de Dios para con el hombre. Una y otra vez en las
Escrituras, Dios viene al hombre de esta manera. Se hallan dos
ejemplos de esto cuando Dios vino a Jacob en Bet-el la primera
vez (Gn. 28:10-22) y también la segunda vez (35:9-15). Vemos
otro ejemplo en la venida de Dios a Moisés en el monte Horeb (Éx.
3:1-17) ... La Biblia también está llena del cortejo que Dios realiza al hombre. Así como un joven le da una atención constante a
la mujer que él corteja, hasta el punto de molestarla, así el Señor
"nos molesta" al cortejarnos. La Biblia relata el cortejo que Dios
realiza a Su pueblo. En el Nuevo Testamento, vemos que cuando
el Señor Jesús llamó a Sus discípulos, Él los cortejaba. Una y otra
vez el Señor Jesús molestaba a Pedro de esta manera. Es

significativo que no fue Pedro el que vino al Señor, sino el Señor quien fue a Pedro. En Juan 21 el Señor le preguntó a Pedro: "Simón, hijo de Jonás, ¿me amas más que éstos?" (v. 15). En dos ocasiones más, el Señor le preguntó: "¿Me amas?" (vs. 16-17). Al hacer estas preguntas a Pedro, el Señor Jesús lo cortejaba. Él no quería que Pedro lo amara a Él como un niño honra a su padre o madre, o como un amigo cuida a otro amigo, o como una persona rica tiene compasión de una persona pobre. Por el contrario, el Señor quería que Pedro lo amara con un amor afectuoso, como el amor que siente una joven por el hombre que la ama.

No debemos leer Juan 21 sin tomar en cuenta Juan 3. Aquel que preguntaba a Pedro si él lo amaba era el Novio que vino por la novia. Basándonos en la revelación del Señor Jesús como el Novio en Juan 3, vemos que Él llevaba a cabo, a manera de cortejo, la conversación que tenía con Pedro en el capítulo 21.

Cuando entramos en una relación de amor con el Señor, recibimos Su vida, así como Eva recibió la vida de Adán. Si Eva no hubiera recibido la vida de Adán, no habría podido ser uno con él ... Indudablemente, Adán y Eva se amaban, pues Eva había recibido la vida de Adán e incluso provino de él. Eva y Adán tenían una sola vida y una sola naturaleza. Cada fibra, tejido y célula de Eva tenía su fuente en Adán y era parte de Él. Según Efesios 5, Adán y Eva son un retrato de Cristo y la iglesia. Así como Eva procedió de Adán y poseyó su vida y su naturaleza, también la iglesia procede de Cristo y posee Su vida y Su naturaleza.

Todos necesitamos un amor tan dulce, íntimo y afectuoso entre nosotros y el Señor. Debemos amarlo a Él como una mujer ama a Su marido. Todos nosotros, jóvenes y ancianos, necesitamos esta clase de amor. Cuanto más amemos al Señor de esta manera, más seremos partícipes de Su vida y más lo viviremos a Él espontáneamente según Su naturaleza. Entonces nuestro vivir se convertirá automáticamente en guardar Su ley. Lo que expresemos será conforme a la ley como Su descripción, Su definición y Su expresión. (*Estudio-vida de Éxodo*, págs. 639, 627-628, 632-633)

Lectura adicional: Estudio-vida de Éxodo, mensaje 54; *Estudio-vida de Romanos*, mensaje 1

*Iluminación e inspiración:*_____

_____

Alimento matutino

Cnt. Me llevó a la casa del banquete, y su estandarte sobre
2:4 mí era el amor.

2 Co. Porque os celo con celo de Dios; pues os he desposado
11:2 con un solo esposo, para presentaros *como* una virgen pura a Cristo.

El romance divino se describe poéticamente en El Cantar de
los Cantares. En El Cantar de los Cantares la que busca al Señor
pasa por un proceso a fin de llegar a ser la Sulamita, la réplica de
Salomón y una figura de la Nueva Jerusalén (6:13, 4). El nombre
de la amada, *Sulamita,* que es la forma femenina del nombre *Salomón,* aparece por primera vez en El Cantar de los Cantares 6:13,
lo cual indica que al llegar a ese punto ella se ha convertido en la
réplica de Salomón, Su complemento, igual a Salomón en vida,
naturaleza e imagen, tal como era Eva con relación a Adán (Gn.
2:20-23). Esto significa que la que ama a Cristo llega a ser igual a
Él en vida, naturaleza e imagen para ser su complemento (2 Co.
3:18; Ro. 8:29) con miras a su matrimonio. La amada de Salomón,
después de pasar por las diferentes etapas de transformación, se
ha convertido en la réplica de Salomón. La Nueva Jerusalén será
la Sulamita corporativa, que incluye a todos los escogidos y redimidos por Dios. (*The Conclusion of the New Testament,* pág. 4372)

Lectura para hoy

En tipología el poema presentado en este libro poético [El
Cantar de los Cantares], que narra la historia de amor entre un
rey y una campesina, nos presenta un cuadro vívido y maravilloso, como cumplimiento, del amor nupcial entre Cristo, el
Novio, y los que le aman, Su novia, en el deleite mutuo que disfrutan en la mezcla de los atributos divinos del Novio con las
virtudes humanas de quienes le aman. La correspondencia que
existe entre la progresión de las etapas de estas dos partes del
poema y el cuadro descrito, constituye la revelación intrínseca
de la Palabra santa del Dios omnipotente, omnisciente y omni-
presente. (*Estudio-vida de Cantar de los Cantares,* pág. 69)

La relación que tenemos con el Señor debería ser muy romántica. Si no existe un romance entre nosotros y el Señor Jesús,
entonces seríamos cristianos religiosos, y no cristianos

románticos. Si usted desea saber lo que quiero decir con la palabra *romántico,* quisiera animarle a leer y orar-leer El Cantar de los Cantares. Al orar-leer este libro de romance usted será romántico con el Señor.

El Antiguo Testamento en su totalidad fue escrito a manera de un pacto de compromiso. Ésta es la razón por la cual Isaías, Jeremías, Ezequiel y Oseas se refieren al pueblo de Dios como la esposa. Aun cuando el pueblo de Dios quería divorciarse de Él, el Señor los traía de vuelta a Él. Él deseaba desposarse con ellos nuevamente ... Oseas 2:19 y 20 [dice]: "Te desposaré conmigo para siempre; / sí, te desposaré conmigo / en justicia y en derecho, / en benevolencia amorosa y en compasiones; / sí, te desposaré conmigo en fidelidad, / y conocerás a Jehová". En estos versículos el Señor usa la palabra *desposar* tres veces. El hecho de que se usa en tiempo futuro indica que se refiere a la segunda vez que Dios desposará consigo a Su pueblo, cuando la mujer divorciada es devuelta al Señor, su marido. Esto indica que el Antiguo Pacto trataba de un desposorio, de un compromiso.

Todo el Nuevo Testamento fue escrito a manera de romance y de cortejo. El Evangelio de Mateo se refiere a Cristo como el Novio, y el libro de Apocalipsis hace referencia a las bodas del Cordero y concluye con la revelación de la Nueva Jerusalén como la esposa del Cordero ... El Señor es Aquel que nos corteja, y nosotros somos Su amor, Su esposa. Al final del Nuevo Testamento, tenemos las bodas de Cristo con Su pueblo ... Toda la Biblia es una palabra de cortejo de parte de Dios. En la Biblia vemos que Dios busca nuestro amor ... Si queremos guardar las palabras de cortejo de Dios, necesitamos sentir un amor afectuoso por Él que le responda. Se le pidió a Pedro amar al Señor de esta manera, y Pablo fue constreñido a amar al Señor con este amor (2 Co. 5:14-15). Todos los creyentes deben amar al Señor de esta manera (Jn. 14:21, 23). Como lo hemos visto, esta clase de amor afectuoso está descrito en El Cantar de los Cantares, donde vemos el cuadro del amor entre el Amado y Su amada (Cnt. 1:2-4). (*Estudio-vida de Éxodo,* págs. 638, 640-642)

Lectura adicional: The Conclusion of the New Testament, mensajes 213, 428; *Estudio-vida de Cantar de los Cantares,* mensaje 9

*Iluminación e inspiración:*_____

_____

Alimento matutino

Ef. **Maridos, amad a vuestras mujeres, así como Cristo**
5:25 **amó a la iglesia, y se entregó a Sí mismo por ella.**
Cnt. **Vuelve, vuelve, oh Sulamita; vuelve, vuelve, para que**
6:13 **te contemplemos. ¿Por qué habéis de contemplar a la**
Sulamita, como a la danza de dos campamentos?

La novia con quien Cristo se casará es la totalidad de Sus redimidos de todas las eras, o sea, la iglesia. Por lo tanto, según la tipología, la iglesia siempre conserva la posición de una mujer. En el Antiguo Testamento la iglesia a menudo es tipificada por diferentes mujeres. (*Three Aspects of the Church, Book 1: The Meaning of the Church,* pág. 79)

En Efesios 5:22-23, Pablo presenta a la iglesia como el complemento de Cristo. Esto revela que la iglesia es, de hecho, parte de Cristo, por cuanto procede de Cristo y le será entregada a Cristo, así como Eva procedió de Adán y le fue entregada a Adán (Gn. 2:21-23). Por lo tanto, la primera pareja que figura en la Biblia, Adán y Eva, es un cuadro descriptivo de Cristo y la iglesia. (*The Conclusion of the New Testament,* pág. 2275)

Lectura para hoy

Génesis 2:24 nos muestra que el hombre y su esposa son una sola carne ... Esto es un cuadro maravilloso de Cristo y la iglesia. Eva tenía la misma vida y naturaleza que Adán, lo cual significa que la iglesia posee la misma vida y naturaleza que Cristo. (*The Conclusion of the New Testament,* pág. 2276)

Rebeca tipifica a la iglesia en el sentido de que fue escogida del mundo (Gn. 24). Después de Eva, Rebeca es el segundo tipo de la iglesia hallado en el Antiguo Testamento ... La razón principal por la que Rebeca tipifica a la iglesia es que su esposo, Isaac, tipifica a Cristo. Con respecto a la persona de Isaac, él tipifica a Dios el Hijo (el Hijo de Dios), y con respecto a la doctrina, él tipifica la herencia en Cristo.

Rebeca, como tipo de la iglesia, nos presenta una perspectiva muy diferente de la de Eva. Como tipo de la iglesia, Eva revela la manera en que la iglesia fue producida y la naturaleza de la iglesia. Por su parte Rebeca, como tipo de la iglesia, nos muestra que la iglesia fue escogida del mundo. Este tipo incluye la elección del

Padre y el llamamiento y dirección del Espíritu Santo. El Espíritu Santo dirigió a Rebeca paso a paso a través de un largo viaje hasta que llegó a Isaac. Por lo tanto, en este cuadro de Rebeca, como tipo de la iglesia, vemos cómo la iglesia fue escogida del mundo y llevada hasta el tabernáculo celestial para disfrutar del amor de Cristo y satisfacerle a Él.

En el Antiguo Testamento Booz es otro tipo de Cristo. Booz se casó con una mujer especial que ocupa un lugar particular en la Biblia. Su nombre era Rut. Ella tipifica el aspecto de la iglesia redimida. Todo el libro de Rut puede ser considerado un relato de la redención. Rebeca nos presenta a la iglesia en el aspecto de que fue llamada ... y Rut nos presenta a la iglesia en el aspecto de la redención.

David es el tipo más completo de Cristo revelado en el Antiguo Testamento [cfr. Mt. 12:3] ... Por lo tanto, la esposa de David es un tipo de la iglesia. David tuvo al menos tres esposas: una fue Mical, la hija de Saúl (1 S. 18:27b), y otra fue Ahinoam (25:43). Sin embargo, ninguna de estas dos poseen características que tipifican a la iglesia. Solamente Abigail (v. 42) posee una característica que tipifica a la iglesia. Puesto que David tipifica al Cristo que pelea en medio de los sufrimientos, su esposa Abigail tipifica a la iglesia que pelea en medio de los sufrimientos. A partir de 1 Samuel 25, Abigail permaneció siempre al lado de David, el guerrero, y lo siguió en sus batallas. Por consiguiente, ella tipifica a la iglesia que pelea, la que combate por el reino de Dios en medio de los sufrimientos. Ésta es la característica sobresaliente de Abigail como tipo de la iglesia. (*Three Aspects of the Church, Book 1: The Meaning of the Church*, págs. 84-85, 100, 106)

Al final del capítulo 6 [de El Cantar de los Cantares], la amada, después de pasar por varias etapas de transformación, llega a ser la réplica misma de Salomón. Ahora a ella se le llama *Sulamita*, ... ya que ha llegado a ser idéntica a Salomón en vida, naturaleza e imagen, para estar a la par con él con miras al matrimonio. El hecho de que esta pareja llegue a ser una sola entidad denota la Nueva Jerusalén. En la Nueva Jerusalén, el Dios redentor (representado por Salomón) y todos Sus redimidos (representados por la Sulamita) llegan a ser una sola entidad. (*Estudio-vida de Cantar de los Cantares*, pág. 55)

Lectura adicional: Three Aspects of the Church, Book 1: The Meaning of the Church, caps. 7-9

Iluminación e inspiración:_____

Alimento matutino

Mt. Jesús les dijo: ¿Acaso pueden los compañeros del
9:15 novio tener luto mientras el novio está con ellos?
Pero vendrán días cuando el novio les será quitado, y
entonces ayunarán.

Ap. Gocémonos y alegrémonos y démosle gloria; porque
19:7 han llegado las bodas del Cordero, y Su esposa se ha
preparado.

Dios creó al hombre con el propósito de obtener un complemento (Gn. 1:26) ... Si leemos la Biblia con pureza, sin ningún otro concepto, nos daremos cuenta de que el propósito de
Dios al crear el hombre era ganar un complemento. Dios no es
un luchador; Él es un enamorado. Él creó al hombre a la imagen
de Él mismo, un enamorado. Esto significa que Él creó al hombre
para que éste lo amara. En la eternidad, Dios estaba solo; incluso
podemos decir que Él se sentía solo. Su deseo de tener un amor
no podía ser satisfecho por los ángeles. Por consiguiente, Dios
creó al hombre conforme a Su propio ser. Dios es amoroso y desea
que el hombre lo ame. De esta manera, habrá una mutua relación
de amor entre Dios y la humanidad, aquellos que Él creó para
que fuesen Su complemento. (*Estudio-vida de Éxodo*, pág. 635)

Lectura para hoy

Cuando el Señor Jesús vino, llegó en calidad del Novio en busca
de Su novia. Muchos cristianos conocen muy bien la declaración de
Juan el Bautista: "¡He aquí el Cordero de Dios!" (Jn. 1:29). No
obstante, pocos entienden que Juan se refería también al Señor
Jesús como el Novio. En Juan 3:29 él dice: "El que tiene la novia,
es el Novio". Esta palabra está incluida en un capítulo acerca de la
regeneración (3:3-6). La meta de la regeneración es producir y
preparar una novia para el Novio. Puesto que Cristo es Aquel que
tendrá la novia, Él es el Novio. Cristo, como Dios encarnado, no
vino solamente para ser nuestro Redentor y Salvador, sino también para ser nuestro Novio.

En Mateo 9:15, el Señor Jesús se refirió a Sí mismo como el

Novio. A los religiosos ciegos que le preguntaban acerca del ayuno, el Señor dijo: "¿Acaso pueden los compañeros del novio tener luto mientras el novio está con ellos? Pero vendrán días cuando el novio les será quitado, y entonces ayunarán". Al dirigirse a la pregunta de los discípulos de Juan, el Señor se reveló a Sí mismo como el Novio que viene a recibir la novia. Los religiosos en su ceguera no pudieron ver que Cristo era el Novio. Es crucial que nuestros ojos sean abiertos para que veamos al Señor como nuestro Novio ... El Señor Jesús regenera a la iglesia para que ésta sea Su novia (Jn. 3:3, 5, 29-30). El Señor es el Novio que posee la vida y la naturaleza divinas. Si queremos llegar a ser Su novia, debemos tener también la vida y la naturaleza divinas. Para esto se requiere la regeneración. Sin poseer esta vida y naturaleza, nunca podríamos ser el complemento de Cristo. En Juan 3 vemos que la regeneración nos capacita para ser la novia de Cristo. Sólo después de ser regenerados con la vida divina y de este modo recibir la naturaleza divina, nosotros los pecadores podemos ser recibidos por Cristo para ser Su amor. Él es tan superior, poseedor de la vida y naturaleza divina, y nosotros, tan inferiores, ¿cómo podríamos ser Su complemento? Esto es posible sólo por medio de la regeneración. Mediante la regeneración recibimos otra vida, la vida divina. En esta vida y por medio de ésta somos capacitados para llegar a ser el complemento de Cristo y corresponderle a Él ... Al final de esta era, Cristo vendrá y se casará con Sus redimidos para hacerlos Su esposa (Ap. 19:7). En esta era se lleva a cabo el cortejo y compromiso entre Dios y Su pueblo. Al final de esta dispensación habrá una boda gloriosa, y en ese tiempo Cristo se casará con Sus redimidos. Esta revelación del matrimonio entre Cristo y Sus redimidos es una revelación principal de la Biblia ... Al final de la Biblia, vemos que Dios disfrutará de una vida matrimonial con Su pueblo en la eternidad y por la eternidad. La Nueva Jerusalén será la esposa del Cordero por la eternidad en el cielo nuevo y la tierra nueva. (21:9). Éste será el cumplimiento del romance de Dios tal como se revela en las Escrituras. (*Estudio-vida de Éxodo*, págs. 636-638)

Lectura adicional: Estudio-vida de Éxodo, mensaje 55; *The Conclusión of the New Testament,* mensajes 214-215

Iluminación e inspiración:_____

Hymns, #1158
(Traducción provisional)

1   Oh Señor Jesús, precioso,
      Tú ganaste mi amor;
    No hay nadie tan amable,
      Ni tan dulce y adorable;
    Sin rival—incomparable—
      ¡Nadie te podrá igualar!

2   Oh Señor Jesús, precioso,
      Yo con gozo te escuché;
    Al oír Tu fiel llamado,
      De todo he sido cortado;
    Toda búsqueda he dejado,
      Todo orgullo se esfumó.

3   Oh Señor Jesús, precioso,
      ¿Puedo aún tan terco ser?
    Yo te entrego mis durezas,
      Vuelvo y canto Tus noblezas;
    Por amor seré Tu esclavo,
      Mi gozo es obedecer.

4   Oh Señor Jesús, precioso,
      Tu camino escogeré,
    Mi deseo es complacerte,
      Aunque llore al seguirte;
    Quiero mantenerme firme
      Y andar contigo en paz.

5   Oh Señor Jesús, precioso,
      Cuando veo que no estás
    Pierde el alba sus vestigios,
      Y mi rostro todo brillo;
    Sólo añoro que regreses
      Para en Tu presencia estar.

6   Oh Señor Jesús, precioso,
      Describirte, ¿quién podrá?
    Tú, mi amor y mi deleite,
      Mi porción eternamente;
    Eres lo que yo deseo,
      Nada más perseguiré.

7   Oh Señor Jesús, precioso,
Lo que tengo te lo doy;
No hay nadie tan amable
Ni tan dulce y adorable,
Sin rival—incomparable—
¡Nadie te podrá igualar!

Redacción de una profecía con un tema central e ideas secundarias:

La restauración de Israel: la transformación en vida por el amor de Dios

Lectura bíblica: Os. 14:4-8; 11:1

Día 1

I. **Oseas 14:4-8 nos muestra a Israel en la restauración (Mt. 19:28), según se revela en Oseas 2:15-23; 3:5; 6:1-3 y 10:12:**

A. "Yo seré a Israel como rocío" (Os. 14:5a):

1. El rocío representa la gracia fresca y refrescante de Dios, la cual viene a nosotros por medio de las compasiones frescas de Dios (Lm. 3:22-23; cfr. Pr. 19:12); esta gracia —que es el propio Dios Triuno procesado y consumado que viene a nosotros como nuestro suministro de vida para nuestro disfrute (Jn. 1:14, 16-17; 2 Co. 13:14)— nos riega.

2. El rocío simboliza la gracia diaria, es decir, la gracia que recibimos cada día; cada mañana la gracia del Señor desciende sobre nosotros como el fresco rocío (Sal. 133:3).

3. El maná era enviado junto con el rocío, el rocío de la mañana, que era la base para que fuese dado el maná (Éx. 16:13-14; Nm. 11:9):

   a. Si hemos de recoger el maná durante nuestro tiempo con el Señor en la mañana, es preciso que experimentemos la frescura del rocío, la frescura de la gracia de Dios (Lm. 3:22-23; 1 Co. 15:10; 2 Co. 12:9).

   b. Cada vez que experimentamos el rocío mientras leemos la Palabra en la mañana, la Palabra verdaderamente llega a ser alimento para nosotros; nuestra experiencia comprueba que donde está el rocío, allí también está el maná (Éx. 16:13-14; Nm. 11:9).

Día 2

4. En medio de la unidad de los hermanos que habitan juntos, el rocío desciende, y nosotros disfrutamos la vida divina (Sal. 133:3).

B. "Él florecerá como el lirio" (Os. 14:5b):

1. El lirio representa una vida de fe en Dios, una vida pura que pone su confianza en Dios, y los

lirios simbolizan a quienes viven bajo el cuidado de Dios (Mt. 6:28):

a. La amada de Cristo comprende que no es más que una persona pequeña, cuyo vivir es un vivir confiado en medio de la hondonada (Cnt. 2:1).

b. Cristo estima a esta doncella que confía, cuyo vivir es puro y confiado en medio de las personas incrédulas e inmundas (v. 2).

2. El creyente que sea una columna como señal del edificio de Dios deberá ser portador del testimonio propio de uno que vive por fe para llevar responsabilidad y expresar las riquezas de la vida divina mediante el proceso de la resurrección (1 R. 7:15-22):

a. Es preciso que comprendamos que Dios es y que nosotros no somos, que Cristo lo es todo y que nosotros no somos nada (He. 11:6; Jn. 15:5; 21:3).

b. Debemos experimentar al Cristo que fue juzgado por Dios y que llegó a ser la fortaleza que sostiene la morada de Dios; si experimentamos a Cristo de esta manera, nos juzgaremos a nosotros mismos, reconociendo que somos personas caídas, incompetentes e ineptas, y que no somos nada (1 R. 7:15-16; Ap. 1:15; 2 Co. 12:11).

c. Debemos llevar una vida de fe en Dios y no valernos de lo que somos ni de lo que podemos hacer (Gá. 2:20; 2 Co. 1:24; 5:7; 4:13):

1) Debemos ser lirios que existen en virtud de lo que Dios es para nosotros, no en virtud de lo que nosotros mismos somos (Mt. 6:28, 30).

2) Así existe el lirio: ya no vivo yo, mas vive Cristo en mí (Gá. 2:20).

Día 3 C. "Él [...] extenderá sus raíces como los árboles del Líbano" (Os. 14:5c):

1. Extender raíces como los árboles del Líbano significa permanecer de pie afirmados en la

humanidad resucitada, elevada y noble (cfr. Cnt. 3:9; 5:15).

2. Oseas 14:5 asocia el florecimiento del lirio con las raíces de los cedros del Líbano:

a. El lirio nos habla de una vida simple y sencilla, una vida frágil de fe y confianza (Cnt. 2:1-2).

b. El cedro tiene raíces que son profundas y están escondidas, lo cual nos habla de nuestra necesidad de tener raíces espirituales profundas y de estar profundamente sepultados (Mr. 4:6; Lc. 8:13; Jer. 17:7-8; Ro. 6:4).

Día 4

D. "Se extenderán sus renuevos, / y será su esplendor como el del olivo, / y su fragancia, como la de los árboles del Líbano" (Os. 14:6):

1. El hecho de que sus renuevos se extiendan representa el florecer y propagarse.

2. El hecho de que su esplendor sea como el del olivo simboliza la gloria manifestada en dar fruto:

a. Un olivo no tiene esplendor; la Biblia revela que para Dios el esplendor no consiste en algo superficial, sino en llevar verdadero fruto (Jue. 9:9).

b. El fruto del olivo produce aceite; su esplendor se hace manifiesto en su fruto; de igual manera, el esplendor de la vida cristiana se exhibe al producirse el fruto del Espíritu (Gá. 5:22-23).

c. El aceite procedente del olivo era usado para honrar a Dios y a los hombres, lo cual significa que quienes andan por el Espíritu honran a Dios y quienes ministran el Espíritu honran a los hombres (Jue. 9:9; Gá. 5:16, 25; 2 Co. 3:6, 8).

3. El hecho de que su fragancia sea como la de los árboles del Líbano representa el grato olor de una vida en la humanidad que ha sido elevada (Os. 14:6):

a. La fragancia es un olor, y el olfato es el sentido

más fino y delicado que causa una impresión sin necesidad de ver o tocar.

   b. Dondequiera que está la fragancia, no es necesario decir nada, pues la fragancia no se puede ocultar (2 R. 4:9; 2 Co. 2:14-15).

   c. El olivo tipifica a Cristo como Aquel que está lleno del Espíritu Santo y ha sido ungido con el Espíritu; si llevamos con nosotros Su esplendor, los demás podrán percibir la fragancia (Jue. 9:9; He. 1:9).

Día 5

E. "Volverán los que se sientan bajo su sombra; / serán reavivados como el grano, / y florecerán como la vid; / su renombre será como el del vino del Líbano" (Os. 14:7):

   1. Sentarnos bajo su sombra simboliza el estar bajo la cubierta de la gracia abundante que disfrutamos (Cnt. 2:3b; Is. 4:5-6; 2 Co. 12:9).

   2. Ser reavivados como el grano simboliza el estar llenos de vida para producir alimento que satisface.

   3. Florecer como la vid simboliza el hecho de florecer para producir la bebida que alegra.

   4. El hecho de que su renombre sea como el del vino del Líbano significa que su buen nombre se propagará como vino de buen gusto.

F. "Yo soy como el abeto verde; / procedente de Mí es hallado tu fruto" (Os. 14:8b):

   1. Un abeto verde es un símbolo de Dios, quien es viviente, inmutable, siempre nuevo y eternamente lozano (Éx. 3:14; Jn. 8:58; Ap. 1:8):

     a. Dios es el Dios eterno, y Su vida es la vida eterna; por tanto, Él es inmutable, siempre existe y es siempre nuevo (Gn. 21:33; Ap. 21:5).

     b. Debido a que Dios nunca le falla a Su pueblo, ciertamente podemos confiar en Él y recibir de Él nuestro fruto (Os. 14:8b).

   2. El hecho de que Efraín llevase fruto procedente de Jehová indica la unidad que Israel tiene con Jehová; esto es más profundo que una unión

orgánica; es la unidad de dos en una misma vida, una misma naturaleza y un solo vivir (Jn. 6:57b; Gá. 2:20).

Día 6 G. Oseas 14:4-8 nos muestra un cuadro de lo que esperamos será la condición de todas las iglesias locales en el recobro del Señor (Hch. 2:46-47; 4:33; 11:23; 2 Co. 8:1).

II. **La transformación de Israel según es descrita en Oseas 14:4-7 está basada en el factor del amor en vida:**

A. El amor en vida, un amor como el que siente un padre por su hijo, transforma a las personas mediante el crecimiento en vida (11:1, nota 1; Ro. 12:2; 2 Co. 3:18; 2 P. 1:5-7).

B. Nuestra relación con Dios es propia de la vida divina y eterna (1 Jn. 5:11):

1. Esta vida nos vivifica, nos regenera, nos santifica tanto en nuestra posición como en nuestra manera de ser, nos renueva, nos transforma, nos conforma a Su imagen, nos hace madurar y nos glorifica, con lo cual nos hace iguales a Dios en vida, naturaleza, apariencia y gloria (Jn. 3:5-6, 15; Ef. 5:26; Ro. 12:2; 8:29; Mt. 5:48; Ap. 21:10-11).

2. Al principio del libro de Oseas, Israel era una ramera, pero al final del mismo, Israel se ha convertido en un hijo; por tanto, el resultado de este libro es la transformación en vida por el amor de Dios (11:1; cfr. Ro. 8:28-29; He. 12:5-10).

Alimento matutino

Os. 14:5 **Yo seré a Israel como rocío...**
Sal. 133:1 **¡Mirad cuán bueno y cuán agradable es habitar
los hermanos en unidad!**
**3 Como el rocío del Hermón que descendió sobre
los montes de Sion. Porque allí ordenó Jehová la
bendición: la vida para siempre.**

En [Oseas 14:4-8] tenemos un cuadro descriptivo de Israel en
la restauración (Mt. 19:28), según es revelado en Oseas 2:15-23;
3:5; 6:1-3; 10:12. Jehová sanará la apostasía de ellos; Él los amará
generosamente, pues Su ira se habrá apartado de ellos. Él será a
Israel como rocío. (*Life-study of Hosea*, pág. 61)

[El rocío] representa la gracia fresca y refrescante de Dios, la
cual viene a nosotros por medio de las compasiones frescas de
Dios (Lam. 3:22-23; cfr. Pr. 19:12). Esta gracia —el propio Dios
Triuno procesado y consumado que viene a ser nuestro suministro de vida para nuestro disfrute (Jn. 1:14, 16-17; 2 Co. 13:14)—
nos riega. Hermón, un monte elevado, representa los cielos, el
lugar más elevado de todos, desde donde desciende el rocío. La
unción del Espíritu (Sal. 133:2) y el suministro de la gracia hacen
posible que vivamos en unidad. (Sal. 133:3, nota 1)

Lectura para hoy

En Éxodo 16:13 y 14, vemos que el maná descendía con el rocío:
"Por la mañana había una capa de rocío alrededor del campamento. Cuando se evaporó la capa de rocío, aparecieron sobre la
faz del desierto copos finos y redondos, tan finos como la escarcha
que cae sobre la tierra". Esta cosa menuda y redonda era el maná.
Números 11:9 declara también que el maná venía con el rocío: "Y
cuando descendía el rocío sobre el campamento de noche, el maná
descendía con él" ... Ciertamente, Dios pudo haber enviado el
maná sin el rocío. El hecho de que el maná vino con el rocío debe
de tener un significado espiritual preciso. Puesto que mi experiencia de esto todavía no está completa, no puedo explicar de
manera completa por qué el maná descendía con el rocío. Pero
según la experiencia espiritual, puedo señalar que el rocío representa la gracia diaria, la gracia que recibimos cada día. En Sal-
mos 133:3, leemos acerca del "rocío del Hermón que descendió

sobre los montes de Sion" … El rocío representa la gracia del Señor Jesucristo.

El rocío es distinto de la lluvia, la nieve, o la escarcha. Es más ligero que la lluvia y no tan frío como la escarcha. Según Lamentaciones 3:22 y 23, la misericordia de Dios, como el rocío, es fresca cada mañana. La misericordia que se menciona en el Antiguo Testamento finalmente redunda en la gracia del Nuevo Testamento. Por esta razón, Jeremías empleó la palabra *misericordia* en Lamentaciones 3. Cada mañana, la gracia del Señor es tan fresca como el rocío.

Ya dijimos muchas veces que la gracia es Dios que nos alcanza. Cuando Dios nos alcanza de manera positiva, lleno de misericordia y compasión, Él se convierte en gracia para nosotros. El maná siempre viene por medio de esta gracia.

Alentamos a los santos a practicar la vigilia matutina al principio de cada día. No obstante, a pesar de poner en práctica la vigilia matutina regularmente, a menudo, durante nuestro tiempo con el Señor por la mañana, no experimentamos la frescura del rocío. Como consecuencia, no recogemos ningún maná. Al contrario, la Palabra parece ser letras en blanco y negro. Pero cuando experimentamos el rocío en el avivamiento matutino, sabemos que Dios nos alcanza y nos visita. Esta visitación de parte de Dios es el Señor que viene a nosotros como gracia. Nuestra experiencia testifica que donde está el rocío, allí también está el maná.

Cuando obtenemos rocío al leer la Palabra en la mañana, ésta llega a ser un verdadero alimento para nosotros. Si no recibimos el rocío que refresca, no podemos recibir el maná que viene con el rocío.

Este cuadro descriptivo del maná y del rocío es muy precioso. ¡Ciertamente un cuadro vale más que mil palabras! Por la mañana el rocío nos refresca. Sin este rocío, sin esta gracia, estamos muy secos. Pero con el rocío recibimos el riego y la frescura. Gracias al Señor porque el maná no viene por sí solo, sino con el rocío.

En cuanto a recoger el maná con el rocío por la mañana, no necesitamos más doctrina. Lo que necesitamos es más experiencia en nuestra vida diaria. (*Estudio-vida de Éxodo,* págs. 424-425, 427)

Lectura adicional: Estudio-vida de Éxodo, mensaje 36; *El terreno genuino de la unidad,* caps. 6-7

Iluminación e inspiración:_____
_____

Alimento matutino

Os. 14:5 ...Él florecerá como el lirio...

Cnt. 2:1-2 Yo soy una rosa de Sarón, un lirio de los valles. Como lirio entre los espinos, así es mi amor entre las hijas.

Mt. 6:28 Y por el vestido, ¿por qué os preocupáis? Considerad los lirios del campo, cómo crecen: no se afanan ni hilan.

[Según Oseas 14:5b] Israel florecerá como el lirio (el cual representa una vida pura que pone su confianza en Dios) (*Life-study of Hosea*, pág. 61)

[En El Cantar de los Cantares 2:1] la amada humildemente comprende que no es más que una persona pequeña cuyo vivir es, por un lado, hermoso pero menospreciado (la rosa) en el mundo común (Sarón, [que significa *llanura*]) y, por otro, es un vivir puro y confiado (el lirio, Mt. 6:28) en medio de la hondonada (los valles). (Cnt. 2:1, nota 1)

Aquí Cristo expresa Su aprecio por aquella que es Su amor, quien está entre las adúlteras que aman el mundo (las hijas, Jac. 4:4), por ser ella alguien cuyo vivir es puro y confiado (el lirio, Mt. 6:28) en medio de las personas incrédulas e inmundas (los espinos). (Cnt. 2:2, nota 1)

Lectura para hoy

Una vida de fe que expresa las riquezas de la vida divina es fruto de haber experimentado la crucifixión de Cristo en medio y por medio de situaciones complicadas y entrelazadas (cfr. 2 Co. 4:7-18). Según su significado espiritual, los tazones de los capiteles [en 1 R. 7:16-20] son un testimonio (dos) que indica que quienes se sujetan al juicio de Dios (el bronce), considerándose a sí mismos como nada, pueden llevar responsabilidad (cinco) plenamente (diez) y expresar las riquezas de la vida divina (las granadas) en medio de una situación complicada y entrelazada (la obra de malla y obra de cadenillas) con base en el proceso de la resurrección (la base de los capiteles, que tenían tres codos de alto), debido a que son personas que no viven por cuenta propia sino por Dios (los lirios). El creyente que sea una columna, como señal del edificio de Dios, deberá ser portador del testimonio propio de uno que vive por fe para llevar responsabilidad y expresar las riquezas de la vida mediante el proceso de la resurrección sujeto a la crucifixión correspondiente a la obra de malla y a la restricción correspondiente a la obra de cadenillas. (1 R. 7:16, nota 1)

Si hemos de llevar responsabilidades en una situación complicada, debemos vivir por fe en Dios. En 1 Reyes 7:19 se dice "Los capiteles que estaban en el extremo superior de las columnas del pórtico tenían forma de lirios, y en diámetro eran de cuatro codos". El lirio representa una vida de fe en Dios. Primero, debemos condenarnos a nosotros mismos, reconociendo que somos seres caídos e ineptos, que estamos descalificados y que no somos nada. Entonces debemos vivir por la fe en Dios, no por lo que somos ni por lo que podemos hacer. Debemos ser lirios que existen por lo que Dios es para nosotros y no por lo que nosotros somos (Mt. 6:28, 30). Nuestro vivir en la tierra hoy depende de Él. ¿Cómo podemos llevar responsabilidades en una vida de iglesia complicada y confusa? Metidos en nosotros mismos, no lo podemos lograr; pero lo podemos hacer si vivimos por la fe en Dios. Así existe el lirio: ya no vivo yo, mas vive Cristo en mí. No soy yo el que lleva la responsabilidad, sino Él. Yo vivo, no por mi propia cuenta, sino por Él; yo ministro, no de mí mismo, sino por Él ... En El Cantar de los Cantares 2:1 y 2, la que busca del Señor dice: "Yo soy ... un lirio de los valles". Entonces el Señor contesta: "Como el lirio entre los espinos, así es mi amor entre las hijas".

¿Qué arquitecto terrenal hubiera diseñado una columna de bronce que llevara encima capiteles de bronce con forma de lirios? Desde el punto de vista humano, eso no tendría sentido, pero en la esfera espiritual, tiene mucho significado. Por una parte, somos el bronce condenado y juzgado; por otra, somos los lirios vivientes. El bronce significa "no yo", y el lirio significa "mas Cristo". Los que son lirios pueden decir: "La vida que ahora vivo la vivo por la fe de Jesucristo". En todo esto, podemos darnos cuenta de que somos lirios que llevan una responsabilidad imposible en una situación complicada y confusa llena de obra de malla y de obra de cadenillas. Los ancianos no deben decir: "Señor, quita estas complicaciones". Por el contrario, deben esperar más complicaciones. Estoy seguro de que cuanto más ore usted para reducir las complicaciones, más se producirán. Toda la obra de malla es la base, el arriate, donde crecen los lirios. (*Estudio-vida de Génesis*, págs. 1099-1100)

Lectura adicional: Estudio-vida de Génesis, mensajes 83-84

*Iluminación e inspiración:*_____

_____

Alimento matutino

Os. ...[Israel] **extenderá sus raíces como** *los árboles del*
14:5 **Líbano.**
Jer. **Bendito el varón que confía en Jehová, y cuya con-**
17:7-8 **fianza es Jehová. Será como árbol trasplantado junto**
a las aguas, que echa sus raíces junto a la corriente, y
no temerá cuando llegue el calor; porque sus hojas
estarán frondosas, y en el año de la sequía no se
inquietará ni dejará de dar fruto.

[En Oseas 14:5 Israel] extenderá sus raíces como los árboles
del Líbano (lo cual representa permanecer de pie afirmado en la
humanidad que ha sido elevada). Sus renuevos se extenderán (lo
cual representa el florecimiento y la propagación) (*Life-study of
Hosea,* pág. 61)

[En El Cantar de los Cantares 3:9 se menciona un palanquín
de madera del Líbano]. En la era del reino la que ama a Cristo,
representada por el palanquín, y Cristo, representado por quien
se transporta en el palanquín, están en una unión de celebración
triunfante. La que ama a Cristo es un palanquín (que sirve para
transportarse durante el día, la era del reino, 2 P. 1:19), una
carroza para Cristo, hecha por Cristo mismo de la humanidad
resucitada, elevada y noble (la madera del Líbano), que tiene la
naturaleza de Dios (el oro) como su base, la redención de Cristo
(la plata) como los postes sostenedores y el reinado de Cristo (la
púrpura) como su asiento (Cnt. 3:9-10). (Cnt. 3:9, nota 1)

Lectura para hoy

"Yo seré a Israel como rocío" [Oseas 14:5a] es el comienzo de todo.
Cristo lo es todo. Él nos ha sido hecho justicia, santificación y redención. El rocío es lo más importante para los árboles y las flores. Una
vez que tenemos el rocío como fundamento, Él florecerá como el lirio y
extenderá sus raíces como los árboles del Líbano. Aquí se asocia el
florecimiento del lirio con las raíces del cedro del Líbano. El *lirio* nos
habla de una vida simple y sencilla, una vida frágil de fe y confianza,
la cual Dios ha plantado. El *cedro* tiene raíces que son muy profundas
y están escondidas, y tipifican la necesidad de profundizar y de estar
profundamente sepultados. Esto tipifica la cruz. El lirio es visible
pues está por encima de la tierra, pero debajo de la tierra hay algo

que es *cien veces más profundo.* ¿Qué tanto de nuestra vida es visible? ¿Hay algo de nuestra vida que los hombres no pueden ver? ¿Tiene nuestra vida algún secreto con Dios? Es por ello que algunas grandes revelaciones tienen que ser guardadas en secreto y no darse a conocer por muchos años. El hombre ve el lirio —algo débil y pequeño— pero Dios ve las raíces. ¿Son nuestras raíces como las del cedro? (*The Collected Works of Watchman Nee*, t. 46, pág. 1299)

[Una] razón por la cual la palabra se seca es la falta de raíces. ¿Qué son las raíces? La sección de un árbol que está por encima de la tierra es el tronco, y la sección que está escondida debajo de la tierra es la raíz. La sección de vida visible es las ramas; mientras que la sección de vida invisible es la raíz. Por lo tanto, la raíz representa la vida escondida. Los que no tienen raíz en el Señor llevan una vida de sequedad. Quienes no poseen una vida espiritual escondida, salvo lo que es manifiesto ante los hombres, no tienen raíz. Hermanos y hermanas, debemos preguntarnos a nosotros mismos: además de la parte de nuestra vida que es visible a los hombres, ¿cuánto de nuestra vida está escondida delante del Señor? Si lo único que poseemos es lo que se ve, no es de extrañar que nos sequemos tan pronto como el sol salga con su calor abrasador. En nuestra vida espiritual nada nos sostiene tanto como la vida escondida. Si vemos a un hermano o hermana apartarse de la fe, no piensen que esto es algo que ocurre de forma accidental o inesperada. En vez de ello, debemos entender que seguramente había algún problema en relación con su vida escondida delante de Dios. Puesto que carece de raíz, cae en cuanto el sol se levanta y lo abraza.

En Mateo 6:6 el Señor Jesús dijo: "Mas tú, cuando ores, entra en tu aposento, y cerrada la puerta, ora a tu Padre que está en secreto; y tu Padre, que ve en lo secreto, te recompensará". Cerrar la puerta equivale a tener una vida escondida, lo cual es tener raíces. El Señor dijo esto de una manera bastante peculiar: el Padre verá en lo secreto. ¡Oh, orar es algo que puede ser visto! Nosotros pensamos que la oración es algo que es escuchado, pero el Señor dijo que es visto. (*The Collected Works of Watchman Nee*, t. 38, pág. 516)

Lectura adicional: La cristalización de la Epístola a los Romanos, mensajes 7-9; *The Collected Works of Watchman Nee,* t. 38, cap. 66

Iluminación e inspiración:

Alimento matutino

Os. Se extenderán sus renuevos, y será su esplendor
14:6 como *el del* olivo, y su fragancia, como *la de los árbo-les del* Líbano.

2 Co. Mas a Dios gracias, el cual nos lleva siempre en
2:14 triunfo en el Cristo, y por medio de nosotros mani-fiesta en todo lugar el olor de Su conocimiento.

[En Oseas 14:6] los renuevos [de Israel] se extenderán (lo cual representa el florecimiento y la propagación); su esplendor será como el del olivo (que representa la gloria manifestada en dar fruto); y su fragancia será como la de los árboles del Líbano (que representa el grato olor de una vida en la humanidad que ha sido elevada). (*Life-study of Hosea*, pág. 61)

Lectura para hoy

Oseas 14:5-7 dice: "Yo seré a Israel como rocío; / él florecerá como el lirio / y extenderá sus raíces como los árboles del Líbano. / Se extenderán sus renuevos, / y será su esplendor como el del olivo, / y su fragancia, como la de los árboles del Líbano. / Volve-rán los que se sientan bajo su sombra; / serán reavivados como el grano, / y florecerán como la vid; / su renombre será como el del vino del Líbano". En este pasaje, se habla del Líbano tres veces: la primera vez con relación al lirio, la segunda vez con relación al olivo y la tercera vez con relación a la vid ... La razón por la cual se hace este énfasis [en Líbano] es que los árboles que están sobre el monte del Líbano son muy altos y sus raíces son muy profun-das. La Biblia usa los cedros del Líbano para referirse a los árbo-les más altos y grandes de la tierra; éstos también representan a aquellos que echan raíces profundas. En este pasaje se habla del Líbano primero con respecto al lirio, después con respecto al olivo y finalmente con respecto a la vid. El hecho de que la Biblia men-cione esto de esa manera es profundamente significativo.

¿Por qué se asocia el lirio con el Líbano? Un lirio es puro y her-moso. El lirio del cual se habla aquí es el que crece en el desierto, no en el jardín de una casa. Este lirio no es cultivado por ningún jardi-nero, sino que depende para su subsistencia únicamente de la luz del sol, la lluvia y el rocío. Los cristianos son lirios que crecen en los valles (Cnt. 2:1); nosotros dependemos enteramente de que Dios nos cultive y mantenga. La vida espiritual pura y hermosa brota de una comunión ininterrumpida con Dios.

¿Por qué es asociado el olivo con el Líbano? A los ojos de los hombres, un olivo no tiene ningún esplendor. Si dijésemos que algo es tan esplendoroso como la planta de peonía, sería fácil de entender. Pero no suena apropiado asociar la palabra esplendor con el olivo. Sin embargo, la Biblia nos muestra que el esplendor para Dios no es un esplendor superficial, sino el fruto genuino. El olivo produce fruto que da aceite; su esplendor se hace manifiesto en su fruto. El esplendor de un cristiano se exhibe al producirse el fruto del Espíritu. Esto únicamente se puede lograr al volvernos a nuestro ser interior y al echar raíces profundas. De ahí que se diga que su esplendor es como el olivo y su fragancia como el Líbano.

El Líbano se menciona aquí tres veces con el propósito de dirigir nuestra atención a una vida que se lleva en las profundidades. Aunque esta vida que se lleva en las profundidades es una vida apartada (como el lirio de los valles), una vida que aparentemente no es nada atractiva (como el olivo) y una vida que no es prominente (como el florecimiento de la vid), es una vida que acude a Dios en simplicidad y es capaz de llevar mucho fruto. Ésta es la clase de vida que un cristiano debe llevar. (*The Collected Works of Watchman Nee*, t. 38, págs. 520-521)

El olivo representa a Cristo (cfr. Ro. 11:17; Zac. 4:11-14; Ap. 11:4a) como Aquel que está lleno del Espíritu Santo y fue ungido con el Espíritu (Lc. 4:1a, 18a; He. 1:9), representado por el aceite de oliva. El aceite procedente del olivo era usado para honrar a Dios y a los hombres (v. 9), lo cual significa que quienes andan por el Espíritu honran a Dios (Gá. 5:16, 25) y quienes ministran el Espíritu honran a los hombres (2 Co. 3:6, 8). (Jue. 9:8, nota 1)

Osas 14:6 dice: "Será su esplendor como el del olivo, / y su fragancia, como la de los árboles del Líbano". La fragancia es un olor, y el olfato es el sentido más fino y delicado. El olfato causa una impresión sin necesidad de ver o tocar. Dondequiera que está la fragancia, no es necesario decir nada, pues la fragancia no se puede ocultar. El olivo tipifica al Espíritu Santo. Cuando tengamos Su esplendor con nosotros, las personas lo olerán y no se podrá ocultar. (*The Collected Works of Watchman Nee*, t. 46, págs. 1299-1300)

Lectura adicional: The Collected Works of Watchman Nee, t. 46, cap. 197; The Divine Dispensing of the Divine Trinity, cap. 4

Iluminación e inspiración:_____

Alimento matutino

Os. **Volverán los que se sientan bajo su sombra; serán**
14:7-8 **reavivados** *como* **el grano, y florecerán como la vid; su**
renombre será como el del vino del Líbano. Efraín
dice: **¿Qué tengo que ver con los ídolos? Yo respondo y**
le miro. Yo soy como el abeto verde; *procedente* **de Mí**
es hallado tu fruto.
Ap. **Y el que está sentado en el trono dijo: He aquí, Yo hago**
21:5 **nuevas todas las cosas...**

[Oseas 14:17 dice que] aquéllos que se sientan bajo su sombra (que representa la sombra de la gracia suficiente que disfrutan, 2 Co. 12:9) volverán. Ellos serán reavivados como el grano (lo cual denota que estarán llenos de vida para producir alimento que satisface) y florecerán como la vid (que representa el hecho de florecer para producir la bebida que alegra). El renombre de Israel se parecerá al vino de Líbano (que representa que su buen nombre se propagará como vino de buen gusto). (*Life-study of Hosea,* pág. 61)

Lectura para hoy

Finalmente, Efraín declara que él no tiene más ídolos [Oseas 14:8a] ... Dios responde, diciendo: "...Yo soy como el abeto verde; / procedente de Mí es hallado tu fruto." (v. 8b). Jehová es como un abeto verde (que simboliza el hecho de que Dios es viviente y siempre lozano) y el fruto de Efraín indica la unidad de Efraín con Jehová. Indica también que se ha producido una transformación maravillosa. Hoy Dios es el árbol perenne, y nosotros, los que creemos en Cristo, somos las ramas del árbol que llevan fruto. Esto es más que una unión orgánica; es la unidad de dos en una misma vida, una misma naturaleza y un solo vivir. (*Life-study of Hosea,* págs. 61-62)

En las Escrituras Cristo es primeramente comparado con un árbol, como el árbol de la vida (Gn. 2:9), la vid verdadera (Jn. 15:1) y el manzano (Cnt. 2:3). Después de esto es comparado con el retoño de un árbol, un renuevo, una raíz y finalmente con el fruto en un árbol (Lc. 1:42).

En Lucas 1:42 Elisabet dijo que el bebé que estaba en el vientre de María, que era Cristo en Su concepción, era el fruto. Aquí y en Hechos 2:30 ("fruto de sus lomos"), la palabra *fruto* se usa para representar a Cristo como descendiente humano. En Isaías 4:2 ("el fruto de la tierra"), se usa para denotar la humanidad de Cristo, y en Apocalipsis 22:2 se usa para denotar el fruto del árbol de la vida ... La Biblia compara a Cristo no sólo con un árbol, sino también con el fruto producido por dicho árbol. Por consiguiente, la Biblia usa figuras y señales para mostrarnos que Cristo es la raíz del árbol, el árbol mismo, el retoño del árbol, la rama del árbol y el fruto producido por el árbol. Él es el fruto de María y de David; Él es Dios que llega a ser hombre para introducir a Dios en el hombre, a fin de que nosotros lo comamos como el árbol de la vida ... En Oseas 14:8 Dios dijo que Él es semejante al abeto. Un abeto nunca envejece ni se seca, sino que siempre está verde. Esto es un símbolo de Dios, quien nunca cambia, sino que es siempre nuevo. Dios es el Dios eterno, y Su vida es la vida eterna. Por lo tanto, Él es Aquel que existe para siempre, nunca cambia y es siempre nuevo. Dios jamás envejece ni se desgasta; Él es el mismo desde el principio hasta el fin. Él nunca cambia con Su pueblo ni le falla; Él es siempre nuevo y jamás envejece, y nunca se marchitará. Por lo tanto, sin lugar a dudas podemos confiar en Él. De Él recibimos nuestro fruto. (*Truth Lessons—Level Three*, t. 2, págs. 190, 193)

El Espíritu todo-inclusivo es el Espíritu que regenera, el cual nos renueva con la novedad de la vida de resurrección de Cristo y con la frescura del Dios que existe para siempre, el abeto verde (Tit. 3:5; Ef. 4:23; Ro. 12:2a; 6:4; Os. 14:8). La regeneración es una renovación. El Espíritu regenerador nos renueva con la novedad de la vida de resurrección de Cristo y con la frescura del Dios que existe para siempre, el abeto verde. Oseas 14:8 nos dice que Dios es como el abeto, el cual es un árbol que conserva su verdor durante todo el año. Este verdor es una especie de frescura. Nosotros necesitamos la novedad de la vida de resurrección de Cristo, y también necesitamos la frescura de lo que Dios es. El Espíritu regenerador nos renueva con estas dos cosas. Esta renovación también es una especie de impartición. Sin la impartición de la novedad de Cristo y de la frescura de Dios, nosotros nunca podríamos ser renovados. Para ser renovados necesitamos cierto elemento, y ese elemento es la novedad de Cristo y la frescura de Dios. (*The Central Line of the Divine Revelation*, págs. 128-129)

Lectura adicional: Truth Lessons—Level Three, t. 2, lección 37; The Central Line of the Divine Revelation, mensaje 11

Iluminación e inspiración:_____

_____

Alimento matutino

Os. Cuando Israel era muchacho, Yo lo amé, y de Egipto
11:1 llamé a Mi hijo.

Ro. Y sabemos que a los que aman a Dios, todas las cosas
8:28-29 cooperan para bien, esto es, a los que conforme a *Su*
propósito son llamados. Porque a los que antes conoció, también los predestinó *para que fuesen* hechos
conformes a la imagen de Su Hijo, para que Él sea el
Primogénito entre muchos hermanos.

Puesto que Dios desea que nosotros seamos una nueva creación,
Él tiene que impartirse como novedad en nuestro ser y así renovarnos. En los sesenta y seis libros de la Biblia, sólo un versículo [Oseas
14:8] nos dice que Dios es siempre nuevo, como un árbol de hoja
perenne ... [como] un abeto. Ya que Él conserva Su vigor y Su frescura como árbol de hoja perenne, Él mismo llega a ser el elemento
de este vigor y frescura. Ahora Él se imparte en nosotros como tal
elemento para renovarnos. Tengo el sentir de que cada día ... no
estoy envejeciendo; soy más nuevo ... porque estoy siendo renovado.
Algo de Dios como "abeto verde" está siendo impartido en mi ser.
(*The Central Line of the Divine Revelation*, págs. 300-301)

Lectura para hoy

El libro de Oseas [recalca] las maldades de Israel como esposa de
Jehová, la cual no se conservó casta. Una vez que una esposa deja
de mantener su castidad, sigue toda clase de maldades. Cuando
abandonamos a Dios, nosotros también podemos caer en toda
clase de maldades. Como esposa de Jehová, la cual no se conservó
casta, Israel tenía una obstinación pecaminosa. [Los capítulos
del 11 al 14 describen] esta obstinación ... detalladamente ... [y]
también revelan el amor inmutable de Jehová ... Oseas 11:1 dice:
"Cuando Israel era muchacho, Yo lo amé, / y de Egipto llamé a Mi
hijo". En todo el libro de Oseas, vemos a Israel presentada como
esposa de Jehová, pero cuando se trata del amor imperecedero de
Dios, Israel es llamado el hijo de Dios (Éx. 4:22-23), lo cual indica
que Israel tiene la vida del Padre. Sólo los verdaderos hijos, no los
hijos adoptados, tienen la vida de su padre. Oseas 11:1 también
indica que Cristo se unió a Israel para ser el Hijo de Dios y que
Dios lo llamó de Egipto (Mt. 2:13-15).

El amor imperecedero de Dios no es un amor basado en el afecto, como lo es el amor de un marido por su esposa, sino un amor basado en la vida, como el amor de un padre por su hijo. El amor por una esposa es un amor basado en el afecto, pero el amor por un hijo es amor basado en la vida. Por una parte, Dios nos ama como Su esposa, y el Señor Jesús es nuestro Marido. Por otra parte, Dios es nuestro Padre, y somos hijos del Padre. (*Life-study of Hosea,* págs. 57-58)

La expresión *con cuerdas de hombre los atraje, con lazos de amor* [en Oseas 11:4] indica que Dios nos ama con Su amor divino no en el nivel correspondiente a la divinidad, sino en el nivel correspondiente a la humanidad. El amor de Dios es divino, pero llega hasta nosotros mediante cuerdas de hombre, esto es, mediante la humanidad de Cristo. Las cuerdas mediante las cuales Dios nos atrae incluyen la encarnación de Cristo, Su vivir humano, Su crucifixión, Su resurrección y Su ascensión. Es por medio de todos estos pasos dados por Cristo en Su humanidad que el amor de Dios manifestado en Su salvación llega hasta nosotros (Ro. 5:8; 1 Jn. 4:9-10). Aparte de Cristo, el amor imperecedero de Dios, Su amor inalterable que nos subyuga, no podría ser prevaleciente con respecto a nosotros. El amor inalterable de Dios es prevaleciente debido a que es un amor en Cristo, con Cristo, por Cristo y para Cristo. (Os. 11:4, nota 1)

La transformación de Israel como lo describe Oseas 14:4-7 se basa en el factor del amor en vida. Lo que transforma a la gente no es el amor basado en el afecto, sino el amor basado en vida. Un marido que ama a su esposa en afecto podría mimarla demasiado, pero un padre que ama a su hijo en vida nunca lo mimaría demasiado. Mientras un hijo crece, él es transformado. Nuestra relación con Dios se basa en la vida divina y eterna de Dios. Esta vida nos aviva, nos regenera, nos santifica en cuanto a nuestra posición y en nuestra manera de ser, nos renueva, nos transforma, nos conforma, nos madura y nos glorifica, con lo cual nos hace iguales a Dios en vida, naturaleza, apariencia y gloria.

A principios del libro de Oseas, Israel era una ramera, pero al final de este libro, Israel se ha convertido en un hijo ... El resultado de este libro es la transformación en vida efectuada por el amor de Dios. Ésta es la revelación hallada en el capítulo 14 de Oseas, y todos necesitamos verla. (*Life-study of Hosea,* págs. 61-62)

Lectura adicional: Life-study of Hosea, mensaje 8; *Truth Lessons— Level Four,* t. 2, lección 34

Iluminación e inspiración:_____

Himnos, #21

1   ¡Qué amor nos trajo Tu virtud!
      ¡Mil gracias, oh Señor!
    Por lo que eres Padre Dios
      Te damos hoy loor.

2   Nos revelaste Tu intención
      Y eterna voluntad;
    En el Hijo has brotado ya
      Para cumplir Tu plan.

3   Al Hijo amado diste Tú;
      Vino en amor, murió,
    Nos hizo hijos por Su cruz,
      Herederos de Dios.

4   Por Él Tu vida nuestra es,
      Oh, Padre celestial;
    Tu mismo ser nos impartió,
      Tu esencia divinal.

5   Tu Espíritu al nuestro entró,
      Para "Abba" clamar;
    Nos engendró y nos selló,
      Y nos transformará.

6   A Tu Hijo nos conformarás,
      Según Tu eterno plan;
    A Su imagen nos harás
      Para en Tu gloria entrar.

7   Durante la transformación,
      Guiándonos estás,
    De gloria en gloria para así,
      Tu obra consumar.

8   Por tal amor, oh Padre Dios,
      ¡Mil gracias damos hoy!
    Con gratitud de corazón,
      A ti damos loor.

Redacción de una profecía con un tema central e ideas secundarias:
_____

_____
_____
_____
_____
_____
_____
_____
_____
_____
_____
_____
_____
_____
_____
_____
_____
_____
_____
_____
_____
_____
_____
_____
_____
_____
_____
_____
_____
_____
_____
_____
_____
_____
_____
_____
_____
_____

Tres asuntos implícitos
relacionados con Cristo

Lectura bíblica: Os. 11:1, 4

Día 1   I. "Cuando Israel era muchacho, Yo lo amé, / y de
             Egipto llamé a Mi hijo" (Os. 11:1):

A. En este versículo está implícito Cristo en Su unión
   con Israel como Hijo de Dios, quien es amado por
   Dios y fue llamado por Dios a salir de Egipto (Mt.
   2:13-15).

B. Esto indica que aunque Israel se tornó extremada-
   mente malvado, Cristo aún se hizo orgánicamente
   uno con Israel por medio de la encarnación llegando
   ser un verdadero israelita; Cristo se unió a Israel en
   cuanto a ser un hijo de Dios.

C. En Oseas 11:1 está implícito Cristo como Hijo de
   Dios; esto también implica que todos los que constituyen el pueblo escogido de Dios son hechos hijos de
   Dios en virtud de su unión orgánica con Cristo (Ro.
   11:17; Gá. 3:26):

   1. Esto es posible debido a que Cristo es el Hijo de
      Dios en dos aspectos: el aspecto de ser el Hijo
      unigénito de Dios y el aspecto de ser el Hijo pri-
      mogénito de Dios.

   2. En la eternidad, Cristo siempre fue el Hijo uni-
      génito de Dios (Jn. 3:16; 1 Jn. 4:9), poseedor sola-
      mente de divinidad sin humanidad; como tal, Él
      era único.

   3. Sin embargo, un día, Cristo se encarnó para ser
      un hombre, con lo cual tomó la naturaleza
      humana y se unió con la humanidad (Jn. 1:14).

   4. Él no fue designado el Hijo de Dios en Su humani-
      dad sino hasta que resucitó; es por ello que Pablo
      dice en Hechos 13:33: "Dios ha cumplido [esta
      promesa] a los hijos de ellos, a nosotros, resuci-
      tando a Jesús; como está escrito también en el
      salmo segundo: 'Mi Hijo eres Tú, Yo te he engen-
      drado hoy'"; este versículo indica que la resurrec-
      ción fue un nacimiento para el hombre Jesús.

5. Después de morir una muerte vicaria y todo-inclusiva en la cruz, Él entró en resurrección; en la resurrección y por medio de ella Él fue engendrado de Dios en Su humanidad y fue designado en Su humanidad el Hijo primogénito de Dios, poseedor tanto de divinidad como de humanidad (Ro. 1:3-4; 8:29).

6. Por tanto, además de que Él era el único Hijo unigénito de Dios desde la eternidad, Cristo, después de Su encarnación y mediante Su resurrección, ha llegado a ser el Hijo de Dios en otro sentido, en el sentido de ser el Hijo primogénito de Dios (He. 1:5-6).

7. Más aún, en la resurrección de Cristo todos Sus creyentes fueron engendrados de Dios, regenerados (1 P. 1:3), para ser los muchos hijos de Dios (He. 2:10), los muchos hermanos de Cristo (Ro. 8:29), quienes son miembros de Cristo a fin de ser los constituyentes de Su Cuerpo orgánico.

Día 2   II. **"Con cuerdas de hombre los atraje, / con lazos de amor" (Os. 11:4a):**

A. Las expresiones *cuerdas de hombre* y *lazos de amor* están en aposición; los lazos de amor son las cuerdas de hombre; esto indica que las cuerdas mencionadas en este versículo tienen diferentes segmentos y que cada segmento incluye la humanidad de Cristo en Su encarnación, Su vivir humano, Su crucifixión, Su resurrección y Su ascensión.

B. Esto indica que Dios nos ama con Su amor divino, no en el nivel correspondiente a la divinidad, sino en el nivel correspondiente a la humanidad; el amor de Dios es divino, pero llega hasta nosotros mediante cuerdas de hombre, esto es, mediante la humanidad de Cristo.

C. Las cuerdas de hombre, mediante las cuales Dios nos atrae, incluyen la encarnación de Cristo, Su vivir humano, Su crucifixión, Su resurrección y Su ascensión; es por medio de todos estos pasos que el amor de Dios manifestado en Su salvación llega hasta nosotros (Ro. 5:8; 1 Jn. 4:9-10):

1. La encarnación de Cristo tenía por finalidad que Dios fuese introducido en el hombre al hacer que Dios se encarnara para ser un hombre en la carne (Jn. 1:14; Gn. 3:15; 22:18; 2 S. 7:12-14a; Is. 7:14; 9:6; Mi. 5:2), mezclar la divinidad y la humanidad, nacer del Espíritu divino y de una virgen humana (Mt. 1:20) y producir un Dios-hombre, Emanuel (v. 23), como prototipo para la reproducción en masa de muchos Dios-hombres.

2. El vivir humano de Cristo, que duró treinta y tres años y medio, tenía por objetivo que Él llevara una vida humana para expresar los atributos divinos como virtudes humanas, manifestando así a Dios en la humanidad al llevar una vida crucificada a fin de expresar la vida divina y con ello establecer un modelo para los muchos Dios-hombres que vendrían después, esto es, el modelo de ser crucificados para vivir con miras a que Dios sea expresado por medio de la humanidad.

3. La muerte todo-inclusiva de Cristo logró los siguientes resultados:

   a. Mediante Su muerte, Él crucificó la carne de pecado (Gá. 5:24; Ro. 8:3b).

   b. Mediante Su muerte, Él condenó el pecado (el pecado está en la carne [7:18] y fue hecho pecado al hacerse semejanza de carne de pecado [2 Co. 5:21a]) y quitó el pecado (incluyendo los pecados) al derramar Su preciosa sangre (Ro. 8:3b; Jn. 1:29; He. 9:26b, 28a; Jn. 19:34b).

   c. Mediante Su muerte, Él destruyó al diablo, quien tiene el imperio de la muerte y quien está relacionado con la carne del hombre (He. 2:14; Jn. 12:31b).

   d. Mediante Su muerte, Él juzgó el mundo y echó fuera al príncipe del mundo, esto es, el diablo (v. 31; Gá. 6:14b).

   e. Mediante Su muerte, Él puso fin a la vieja creación al crucificar el viejo hombre (Ro. 6:6).

   f. Mediante Su muerte, Él abolió la ley de los

mandamientos expresados en ordenanzas (Ef. 2:15a).

g. Mediante Su muerte, Él liberó de Su interior la vida divina en calidad de único grano, y la impartió en muchos granos, lo cual está representado por el agua que fluyó de Cristo cuando Él murió (Jn. 12:24; 19:34b).

Día 4

4. La resurrección de Cristo que todo lo vence logró los siguientes resultados:

a. Su resurrección produjo al Hijo primogénito de Dios al elevar la humanidad de Cristo introduciéndola en Su divinidad y al hacer que Cristo naciera de Dios (Hch. 13:33; Sal. 2:7), es decir, al designar como Hijo primogénito de Dios al linaje de David por medio de la divinidad (el Espíritu de santidad) de Cristo en el poder de la resurrección (Ro. 1:4; 8:29; He. 1:3-6).

b. Su resurrección regeneró a todos los escogidos de Dios para que llegaran a ser los muchos hijos de Dios y los muchos hermanos del Hijo primogénito de Dios: el Dios-hombre resucitado, Cristo (1 P. 1:3; He. 2:10; Ro. 8:29).

c. Su resurrección llevó a su consumación al Espíritu de Dios para que llegara a ser el Espíritu vivificante (1 Co. 15:45).

Día 5

5. La ascensión de Cristo que todo lo trasciende logró los siguientes resultados:

a. Cristo en Su ascensión que todo lo trasciende subió por encima del Hades (donde son retenidos los muertos), de la tierra (donde los hombres caídos actúan contra Dios), del aire (donde Satanás y su poder de tinieblas obran contra Dios) y de todos los cielos (adonde Satanás puede ir) (Ef. 1:20-21; 4:8-10; He. 4:14; 7:26).

b. La ascensión de Cristo tenía por finalidad que Él fuese trasmitido a la iglesia, la cual es el Cuerpo de Cristo, la plenitud de Aquel que todo lo llena en todo (Ef. 1:22-23).

c. En Su ascensión Él es la Cabeza del Cuerpo, la iglesia, donde ocupa el primer lugar en todas las cosas (Col. 1:18).

d. En Su ascensión Él fue hecho tanto Señor y Cristo (Hch. 2:36) como Príncipe (de todos los reyes) y Salvador (5:31).

e. En Su ascensión Él es nuestro Sumo Sacerdote en la economía neotestamentaria de Dios (He. 4:14; 7:26; 9:11) y, como tal, es el Mediador y fiador del nuevo pacto (v. 15; 7:22), el Ministro del Lugar Santísimo celestial (8:2), el Paracleto (Abogado) de los creyentes neotestamentarios (1 Jn. 2:1; Jn. 14:16, 26; 15:26; 16:7) y el Intercesor de los creyentes neotestamentarios, quien intercede por ellos a la diestra de Dios y también en el interior de ellos (Ro. 8:34, 26).

D. Aparte de Cristo, el amor imperecedero de Dios, Su amor inalterable que nos constriñe, no podría ser prevaleciente con respecto a nosotros; el amor inalterable de Dios es prevaleciente debido a que es un amor en Cristo, con Cristo, por Cristo y para Cristo.

Día 6 III. **"Fui para ellos como los que alzan el yugo de sobre sus quijadas, / y con ternura Yo les daba de comer" (Os. 11:4b):**

A. Este yugo era el yugo de Faraón en Egipto, y lo que se les dio a comer fue el maná, que tipifica a Cristo como nuestra comida celestial, en el desierto (Jn. 6:31-35, 57).

B. Cuando fuimos salvos, Dios nos atrajo con cuerdas de hombre, con lazos de amor, y ahora nos alimenta con Cristo; es posible que en ocasiones queramos comer demasiado o con mucha prisa, pero Dios quiere que comamos lenta y suavemente con paciencia y con constancia; es de esta manera que Dios nos alimenta.

C. Faraón había puesto un yugo pesado sobre Israel, pero Dios quitó ese yugo y tiernamente hizo comer a Su pueblo al introducirlo en el desierto, donde Dios lo alimentó con maná de manera tierna mañana tras mañana (Éx. 16:14-18):

1. Cuando los hijos de Israel vieron el maná, ellos se dijeron unos a otros: "¿Qué es esto?" (v. 15);

ésta es la palabra hebrea *man hu,* de donde proviene la palabra *maná;* esto indica que Cristo, quien es nuestro alimento único y celestial, es un misterio, el verdadero "¿qué es esto?".

2. La verdad profunda hallada en Éxodo 16 es que Dios desea cambiar nuestra dieta a una dieta de Cristo, el verdadero maná que Dios el Padre envía a Sus escogidos para que ellos vivan por causa de Cristo (Jn. 6:31-35, 48-51, 57-58):

   a. Al darle de comer maná a Su pueblo, Dios dio a entender que Su intención era cambiar la naturaleza de Su pueblo, cambiar su constitución intrínseca, a fin de cumplir Su propósito.

   b. La intención de Dios en Su obra de salvación consiste en forjarse en los que han creído en Cristo y cambiar su constitución intrínseca alimentándolos de Cristo, su alimento celestial, y de ese modo reconstituirlos de Cristo, de modo que lleguen a ser la morada de Dios (cfr. Mt. 4:4; Jer. 15:16).

3. El maná público es maná que no hemos comido, mientras que el maná escondido se refiere al maná que hemos comido, digerido y asimilado (Ap. 2:17):

   a. "No piense que usted no puede ser un vencedor. Usted puede ser un vencedor al disfrutar a Cristo como el maná. Coma del maná visible, y Cristo se convertirá en el maná escondido. Éste lo constituirá en un vencedor" (*Estudio-vida de Éxodo,* págs. 455-456).

   b. Todo cuanto comamos de Cristo como nuestro elemento constitutivo y nuestro suministro que nos convierte en la morada de Dios en este universo, será un memorial eterno (Éx. 16:16, 32).

   c. Así como el maná que estaba en la urna de oro era el enfoque central de la morada de Dios, de igual manera Cristo como el maná que comemos es el enfoque central del edificio de Dios hoy (He. 9:3-4; Jn. 6:57, 63; cfr. Ap. 2:7, 17).

Alimento matutino

Os. 11:1 Cuando Israel era muchacho, Yo lo amé, y de Egipto llamé a Mi hijo.

Mt. 2:14-15 Y él, levantándose, tomó de noche al niño y a Su madre, y se fue a Egipto, y estuvo allí hasta la muerte de Herodes; para que se cumpliese lo que dijo el Señor por medio del profeta cuando dijo: "De Egipto llamé a Mi Hijo".

Muchas de las riquezas halladas en [el libro de Oseas] no se presentan en forma directa, sino que quedan implícitas en el estilo poético de Oseas. Así que, debemos estudiar todo lo que se halla implícito en la poesía de este libro. No es fácil conocer el significado de estas implicaciones ... Los tres asuntos en [11:1-4] que aluden a Cristo son: Dios llamó a Su hijo de Egipto, atrajo a Israel con cuerdas de hombre y los hizo comer con ternura.

En Oseas 11:1 ... Cristo está implícito en Su unión con Israel como el Hijo de Dios y como Aquel que Dios llamó de Egipto. El cumplimiento de la profecía acerca de Cristo en este versículo se encuentra en Mateo 2:15, y se refiere al hecho de que Dios llamó a Cristo a salir de Egipto. Así que, en Oseas 11:1 Cristo está implícito como Hijo de Dios. Además, este versículo implica que nosotros, los que creemos en Cristo, también somos hijos de Dios (He. 2:10) ... Fuera de Cristo, no podemos ser hijos de Dios. Nuestra filiación (Ef. 1:5) está totalmente en Cristo, por Cristo y con Cristo. (*Life-study of Hosea*, pág. 63)

Lectura para hoy

En cuanto a Cristo como Hijo de Dios hay dos aspectos: el aspecto de ser el Hijo unigénito de Dios y el aspecto de ser el Hijo primogénito de Dios. En la eternidad, Cristo era el Hijo unigénito de Dios (Jn. 1:18; 3:16, 18; 1 Jn. 4:9) ... Aparte de Él, no había otros hijos de Dios. Entonces ¿cómo podrían existir los muchos hijos de Dios? Para contestar esta pregunta, debemos considerar la encarnación, crucifixión y resurrección de Cristo. Un día Cristo, el Hijo unigénito de Dios en la eternidad, se encarnó como hombre. En la cruz, Él sufrió una muerte todo-inclusiva y vicaria, y luego entró en resurrección. En la resurrección y por medio de ella Él nació como Hijo primogénito de Dios. Como Hijo unigénito de Dios en la eternidad, Cristo no tenía humanidad; Él sólo poseía la divinidad. Por consiguiente, antes de Su resurrección, Él sólo era el Hijo de Dios en Su divinidad. Esto era único. Pero por Su encarnación Él entró en la humanidad y se vistió de la naturaleza humana haciéndola parte de Su ser. Sin embargo, Él no fue designado Hijo de Dios en Su humanidad (Ro. 1:4) sino hasta Su resurrección. Ésta es la razón por la cual Pablo declara en Hechos 13:33 que "Dios ha cumplido [la promesa] a los hijos de ellos, a nosotros, resucitando a Jesús; como está escrito también en el salmo segundo: 'Mi Hijo eres Tú, Yo te he engendrado hoy'". Este versículo indica que la resurrección fue un nacimiento para el hombre Jesús ... Esto significa que, aparte de ser el único Hijo unigénito de Dios desde la eternidad, Cristo, después de la encarnación y por medio de la resurrección, fue engendrado por Dios en Su humanidad para ser el Hijo de Dios en otro sentido, en el sentido de ser el Hijo primogénito de Dios.

La palabra *Primogénito* en Romanos 8:29 y Hebreos 1:6 indica que Dios tiene muchos hijos ... Para que Cristo sea el Hijo primogénito, debe de haber otros hijos. Estos otros hijos también nacieron en la resurrección de Cristo (1 P. 1:3). Esto significa que en Su resurrección Cristo no sólo nació para ser el Hijo primogénito de Dios, sino también en Su resurrección nosotros fuimos regenerados y nacimos para ser los muchos hijos de Dios, Sus muchos hermanos, con el fin de ser los miembros que constituyen el Cuerpo orgánico de Cristo. Todo eso queda implícito en Oseas 11:1. ¡Cuantas riquezas están implícitas en este versículo! (*Life-study of Hosea*, págs. 63-65)

El Hijo unigénito de Dios sólo era divino y no tenía humanidad. Pero el Hijo de Dios en resurrección es tanto divino como humano, así que este Hijo de Dios no es solamente el Unigénito sino el Primogénito entre muchos hermanos (Ro. 8:29). Por consiguiente, podemos decir que Cristo en Su humanidad fue el primero en ser regenerado, así que Él llegó a ser nuestro Hermano primogénito, y nosotros llegamos a ser Sus muchos hermanos. (*La cristalización de la Epístola a los Romanos*, pág. 199)

Lectura adicional: Life-study of Hosea, mensaje 9

*Iluminación e inspiración:*_____

_____

Alimento matutino

Os.
11:4 **Con cuerdas de hombre los atraje, con lazos de amor...**

Ro.
5:8 **Mas Dios muestra Su amor para con nosotros, en que siendo aún pecadores, Cristo murió por nosotros.**

1 Jn.
4:9-10 **En esto se manifestó ... el amor de Dios, en que Dios envió a Su Hijo unigénito al mundo ... En esto consiste el amor: no en que nosotros hayamos amado a Dios, sino en que Él nos amó a nosotros, y envió a Su Hijo en propiciación por nuestros pecados.**

El amor de Dios es divino, pero Su amor nos alcanza en las cuerdas de hombre. Es importante ver que [Oseas 11:4a] no habla de una *cuerda* sino de *cuerdas*. Estas cuerdas incluyen la encarnación, vivir humano, crucifixión y resurrección de Cristo. Esto significa que las cuerdas mencionadas en este versículo tienen distintos segmentos y que cada uno de ellos guarda relación con la humanidad de Cristo. Primero, Dios se encarnó; Él se hizo un hombre llamado Jesús. Por consiguiente, la encarnación es el primer segmento de las cuerdas de hombre. El Señor Jesús vivió entre nosotros sobre la tierra durante treinta y tres años y medio, y Su vivir humano es el segundo segmento de estas cuerdas. Finalmente, Él fue crucificado, murió en la cruz por nosotros y luego resucitó. Su crucifixión y resurrección también son segmentos de las cuerdas de hombre. Con tales cuerdas Dios nos atrajo. (*Life-study of Hosea,* pág. 65)

Lectura para hoy

Hemos señalado que cada segmento, cada parte, de las cuerdas de hombre guarda relación con la humanidad de Cristo. Después de Su resurrección, Cristo ascendió a los cielos en Su humanidad. Por esta razón, Esteban pudo ver al Cristo ascendido como el Hijo del Hombre y pudo testificar, diciendo. "He aquí, veo los cielos abiertos, y al Hijo del Hombre de pie a la diestra de Dios." (Hch. 7:56). Cuando Cristo vuelva, Él vendrá en Su humanidad. Las palabras del Señor al sumo sacerdote en Mateo 26:64 revelan esto. "Desde ahora veréis al Hijo del Hombre sentado a la diestra del Poder, y viniendo en las nubes del cielo". Por tanto, las cuerdas de hombre guardan relación con la humanidad de Cristo en Su encarnación, vivir humano, crucifixión, resurrección y ascensión.

En Oseas 11:4a las expresiones *cuerdas de hombre* y *lazos de amor* están en aposición. Así que, las palabras *cuerdas* y *lazos* se refieren a lo mismo. Los lazos de amor son las cuerdas de hombre. El amor de Dios, el amor divino, viene a nosotros por medio de la humanidad de Cristo. Por esta razón, los lazos de amor son las cuerdas de hombre. Aquí Cristo no se revela en forma directa, sino implícitamente. ¡Qué rico, profundo, maravilloso y misterioso es lo que aquí queda implícito con respecto a Cristo!

El amor imperecedero de Dios, Su amor inalterable, que nos constriñe, está totalmente en Cristo, con Cristo, por Cristo y para Cristo. Aparte de Cristo, el amor imperecedero de Dios no podría ser prevaleciente. El amor inalterable de Dios es prevaleciente debido a que es un amor en Cristo, con Cristo, por Cristo y para Cristo. Si Cristo no se hubiera encarnado, si Cristo no hubiera vivido en la tierra, si Cristo no hubiera sufrido una muerte vicaria por nosotros, si Cristo no hubiera entrado en resurrección y hubiera ascendido a los cielos, Dios no habría podido atraernos con cuerdas de hombre, con lazos de amor.

El hecho de que la encarnación, vivir humano, crucifixión, resurrección, y ascensión de Cristo redunde en beneficio nuestro debe impresionarnos, pues mediante todos estos pasos de la humanidad de Cristo nos alcanza el amor de Dios en Su salvación. Estos pasos son las cuerdas de hombre, los lazos de amor con los cuales Dios nos ha atraído.

El versículo 4a dice: "Con cuerdas de hombre los atraje, con lazos de amor." La expresión *con cuerdas de hombre los atraje, con lazos de amor* indica que Dios nos ama con Su amor divino, no en el nivel correspondiente a Su divinidad, sino en el nivel correspondiente a Su humanidad. El amor que Dios mostró a Efraín enseñándole a andar y tomándole de Sus brazos nos muestra que el amor de Dios es divino pero nos alcanza en un nivel humano. Si Él nos amara en el nivel divino, no podríamos tocar Su amor. Su amor divino nos alcanza en el nivel humano. Él ha bajado al nivel humano con el fin de alcanzarnos. Esto es el significado de atraer a Israel con cuerdas de hombre, con lazos de amor. (*Life-study of Hosea*, págs. 65-66, 58)

Lectura adicional: Life-study of Hosea, mensaje 8

*Iluminación e inspiración:*_____

_____

Alimento matutino

1 P. ...También Cristo padeció por vosotros, dejándoos
2:21 un modelo, para que sigáis Sus pisadas.

He. Así que, por cuanto los hijos son participantes de san-
2:14 gre y carne, de igual manera Él participó también de
lo mismo, para destruir por medio de la muerte al que
tiene el imperio de la muerte, esto es, al diablo.

El primer logro principal obtenido por Dios para llevar a cabo
Su economía fue la encarnación. Luego pasó por el vivir humano,
experimentó una muerte todo-inclusiva, llevó a cabo una resurrección que todo lo vence, y entró en una ascensión que trasciende todas las cosas. Éstas son las cinco categorías, o los cinco
pasos, del mover de Dios: la encarnación, el vivir humano, la
muerte, la resurrección y la ascensión.

La encarnación... introduce a Dios en el hombre al encarnarse
Dios para ser un hombre en la carne... El que Dios llegara a ser un
hombre significa que Dios mezcló lo divino con lo humano y así
hizo que Dios y el hombre, lo divino y lo humano, llegara a ser una
sola entidad... Cristo fue concebido por medio del Espíritu divino
y nació de una virgen humana (Mt. 1:20).

El nacimiento de Cristo produjo un Dios-hombre, Emanuel
(Mt. 1:23), como prototipo para la reproducción en masa de
muchos Dios-hombres. Dios llegó a ser Jesús. Esto significa que
Dios llegó a ser un Dios-hombre. Este Dios-hombre es el prototipo que ha de producir millones de Dios-hombres. (*La manera
práctica de llevar una vida conforme a la cumbre de la revelación
divina contenida en las santas Escrituras*, págs. 12-14)

Lectura para hoy

El segundo gran logro del Dios Triuno procesado y consumado consiste en que Él pasó por el vivir humano durante treinta y tres años y
medio ... Un día Dios se hizo hombre en esta tierra. Luego este
Dios-hombre llevó una vida humana en la tierra no para expresar
lo humano, sino para expresar los atributos divinos como virtudes
humanas, expresando así a Dios en la humanidad ... Cristo pasó por el
vivir humano llevando una vida humana crucificada para expresar
la vida divina. Hoy somos la reproducción de este prototipo. Somos los
Dios-hombres. Necesitamos entender que nuestro vivir debe ser un
vivir crucificado. Siempre debemos hacer morir nuestra vida humana,

lo cual es crucificar nuestra vida humana. Debemos poner fin a nuestra vida humana con el objetivo de expresar la vida divina. Nuestra vida humana tiene que ser crucificada para que la vida divina, la cual también nos pertenece, pueda expresarse. De este modo morimos para vivir, es decir, morimos a nosotros mismos y vivimos para Dios ... El Dios Triuno procesado y consumado pasó por el vivir humano a fin de dejar un modelo para los muchos Dios-hombres que habrían de venir, el cual consiste en ser crucificados para vivir a fin de que Dios pueda expresarse por medio de la humanidad. Esto se revela claramente en 1 Pedro 2:21, donde nos dice que Cristo, en Su vivir humano, nos dejó un modelo, un ejemplo, para que lo siguiéramos. Mientras Cristo Jesús estuvo en la tierra, Él estableció un prototipo para que se hicieran copias espirituales. Él era el modelo, el original, para que fuera copiado, a fin de producir millones de réplicas.

En la cruz Cristo sufrió una muerte todo-inclusiva. Lo primero que Cristo trató en Su muerte fue nuestra carne. Él crucificó la carne de pecado (Gá. 5:24; Ro. 8:3b) ... Cristo condenó el pecado (el pecado está en la carne [Ro. 7:18] y Cristo fue hecho pecado al tomar la semejanza de carne de pecado [2 Co. 5:21a]) y quitó el pecado (incluyendo los pecados) al derramar Su sangre (Ro. 8:3b; Jn. 1:29; He. 9:26b, 28a; Jn. 19:34b). Dios como justicia está corporificado en Cristo; Satanás como pecado está corporificado en la carne. Dios está en Cristo, y Satanás está en la carne. En la cruz Cristo resolvió el problema de la carne y del pecado ... Cristo, en Su muerte todo-inclusiva, destruyó al diablo, quien tiene el imperio de la muerte y está relacionado con la carne de pecado (He. 2:14; Jn. 12:31b) ... Cuatro entidades están relacionadas entre sí: la carne, el pecado, Satanás y el mundo. Cristo en Su muerte juzgó el mundo y echó fuera al príncipe del mismo, el diablo (Jn. 12:31; Gá. 6:14b) ... Cristo también crucificó al viejo hombre (Ro. 6:6; Gá. 2:20a; 6:14b) ... Cristo puso fin a la vieja creación al crucificar al viejo hombre (Ro. 6:6) ... En la cruz Cristo abolió la ley de los mandamientos expresados en ordenanzas (Ef. 2:15a) ... En Su muerte también liberó la vida divina que estaba en un solo grano para que estuviera en muchos granos, lo cual es representado por el agua que fluyó cuando Cristo murió (Jn. 12:24; 19:34b). (*La manera práctica de llevar una vida conforme a la cumbre de la revelación divina contenida en las santas Escrituras*, págs. 14-16)

Lectura adicional: La manera práctica de llevar una vida conforme a la cumbre de la revelación divina contenida en las santas Escrituras, cap. 1

Iluminación e inspiración: _____

_____

Alimento matutino

Hch. La cual Dios ha cumplido ... resucitando a Jesús;
13:33 como está escrito también en el salmo segundo: "Mi
Hijo eres Tú, Yo te he engendrado hoy".

1 P. Bendito sea el Dios y Padre de nuestro Señor Jesu-
1:3 cristo, que según Su grande misericordia nos ha
regenerado para una esperanza viva, mediante la
resurrección de Jesucristo de entre los muertos.

En la resurrección que todo lo vence, el Hijo primogénito de
Dios fue producido. Dios tenía un solo Hijo, el Hijo unigénito
de Dios (Jn. 1:18; 3:16). Pero en la resurrección fue producida otra
clase de Hijo de Dios, el Hijo primogénito de Dios. Esto ocurrió en
la resurrección al elevar la humanidad de Cristo introduciéndola
en Su divinidad y al hacer que Cristo naciera de Dios (Hch. 13:33;
Sal. 2:7), es decir, al designar como Hijo primogénito de Dios al
linaje de David por medio de la divinidad (el Espíritu de santidad)
de Cristo en el poder de la resurrección (Ro. 1:4; 8:29; He. 1:3-6).
(*La manera práctica de llevar una vida conforme a la cumbre de la
revelación divina contenida en las santas Escrituras,* pág. 17)

Lectura para hoy

En la resurrección de Cristo que todo lo vence todos los escogidos de Dios fueron regenerados para que llegaran a ser los muchos
hijos de Dios y los muchos hermanos del Hijo primogénito de Dios,
Cristo, el Dios-hombre resucitado (1 P. 1:3; He. 2:10; Ro. 8:29).

Primero Cristo se hizo hombre, y ese hombre nació para ser el
Hijo primogénito de Dios. También, los millones de personas que
Dios escogió nacieron con Él para ser los muchos hijos de Dios. En
la misma resurrección, este Cristo maravilloso también se hizo el
Espíritu vivificante (1 Co. 15:45). El Espíritu vivificante es el Espíritu de Cristo, el Cristo pneumático, el Cristo hecho pneuma (Ro.
8:9). El Espíritu vivificante también es la máxima consumación
del Dios Triuno procesado y consumado, quien está corporificado
en el Cristo hecho pneuma, y quien es hecho real para nosotros
como Espíritu vivificante. El Espíritu vivificante es la realidad de
la resurrección, la cual es Cristo mismo y el Dios Triuno procesado
y consumado (Jn. 11:25; 1 Jn. 5:6). La resurrección es Cristo y el
Dios Triuno consumado. Y esta resurrección es el Espíritu.

Necesitamos ver que en la resurrección de Cristo, la que todo
lo vence, ocurrieron tres eventos. Primero, el hombre Jesús nació
como Hijo primogénito de Dios. Segundo, todos Sus creyentes
nacieron con Él en ese nacimiento para ser los muchos hijos de
Dios. En ese único alumbramiento fue producido el Primogénito
y los millones de "gemelos". Nosotros somos los "gemelos" de
Cristo. Somos los "gemelos" que nacimos con Él en un sólo parto.
Por supuesto, Él fue el primero en salir, y nosotros le seguimos.
En 1 Pedro 1:3 leemos que todos los que creen en Cristo fueron
regenerados mediante la resurrección de Cristo. Tercero, cuando
Cristo en Su humanidad nació como Hijo primogénito de Dios,
llegó a ser el Espíritu vivificante. (*La manera práctica de llevar
una vida conforme a la cumbre de la revelación divina contenida
en las santas Escrituras,* págs. 17-18)

El primer evento que ocurrió en la resurrección de Cristo, un
evento maravilloso y excelente, fue aquello en el cual Cristo fue
designado Hijo de Dios en Su humanidad. *Designado* quiere decir
"resucitado". *Designado* en Romanos 1:4 se refiere a Su resurrección. En la resurrección la humanidad de Cristo fue elevada a Su
divinidad. En Su encarnación Él introdujo la divinidad en la
humanidad, y en Su resurrección Él introdujo Su humanidad en
la divinidad. Este tráfico divino mezcla a Dios y al hombre como
una sola entidad. Así que, Cristo llegó a ser el Dios-hombre.

Cuando Cristo estuvo en la tierra antes de Su resurrección,
una parte de Él, Su humanidad, no era divina. Esa parte humana
era el Hijo del Hombre, y no el Hijo de Dios. En Su muerte Su
parte humana fue crucificada. Luego en Su resurrección Dios el
Espíritu como divinidad de Cristo fue fortificado, hecho muy
activo, a fin de introducir la divinidad en la humanidad de Cristo
para hacerla divina. Esto concuerda con el principio de nuestra
regeneración. Antes de la resurrección de Cristo, Su humanidad
era sólo humana. Pero en la resurrección de Cristo, Su divinidad
como Espíritu fue fortificada para que se impartiera en Su
humanidad, haciéndola así divina. Por tanto, Cristo llegó a ser el
Hijo de Dios en Su humanidad. (*La cristalización de la Epístola a
los Romanos,* págs. 194, 199)

Lectura adicional: La cristalización de la Epístola a los Romanos,
    mensaje 18

Iluminación e inspiración:_____

_____

Alimento matutino

Ef. **Y cuál [es] la supereminente grandeza de Su poder**
1:19-23 **para con nosotros los que creemos, según la opera-**
ción del poder de Su fuerza, que hizo operar en
Cristo, resucitándole de los muertos y sentándole a
Su diestra en los *lugares* celestiales, por encima de
todo ... y sometió todas las cosas bajo Sus pies, y lo dio
por Cabeza sobre todas las cosas a la iglesia, la cual es
Su Cuerpo, la plenitud de Aquel que todo lo llena en
todo.

Cristo en Su ascensión subió por encima del Hades (donde son retenidos los muertos), de la tierra (donde los hombre caídos actúan contra Dios), del aire (donde Satanás y su poder de tinieblas obran contra Dios) y de todos los cielos (adonde Satanás puede ir). Cristo trascendió estas cuatro capas (Ef. 1:20-21; 4:8-10; He. 4:14; 7:26). La primera capa es el Hades, que está debajo de la tierra donde son retenidos los muertos. La tierra es donde los hombre caídos actúan contra Dios. El aire es el lugar donde Satanás y su poder de tinieblas obran contra Dios. El tercer cielo es un lugar bueno, pero Satanás incluso tiene acceso a este lugar (Job 1:6-12a; 2:1-6). Cristo en Su ascensión subió por encima de estas cuatro capas. Hoy está por encima no sólo del Hades, de la tierra y del aire, sino también del tercer cielo. (*La manera práctica de llevar una vida conforme a la cumbre de la revelación divina contenida en las santas Escrituras,* pág. 18)

Lectura para hoy

Este Cristo trascendente es trasmitido a la iglesia, la cual es el Cuerpo de Cristo, la plenitud de Aquel que todo lo llena en todo (Ef. 1:22-23) ... En Su ascensión Él es la Cabeza del Cuerpo, la iglesia, donde ocupa el primer lugar en todas las cosas (Col. 1:18) ... En Su ascensión Él fue hecho tanto Señor y Cristo (Hch. 2:36) como Príncipe (de todos los reyes) y Salvador (5:31). Si no fuera el Soberano, el Príncipe, de todos los reyes, no podría ser el Salvador. Él es Aquel que reina sobre todos los reyes, así que puede administrar el entorno para que todos los escogidos de Dios puedan ser salvos. Yo fui salvo en China. Si en la historia Dios no hubiera dirigido los asuntos mundiales y no hubiera enviado algunos santos del

Occidente al Lejano Oriente a predicar el evangelio, yo nunca podría haber sido salvo. Dios tuvo que obrar mucho para que los ingleses y los estadounidenses pudieran ir a predicar el evangelio en mi país. Esto fue un arreglo maravilloso. A veces los arreglos son pequeños, pero sólo Dios puede llevarlos a cabo para crear la situación en la cual las personas puedan ser salvas. Así que, Él es el Soberano de todos los reyes para poder ser el Salvador y así salvar a los que Dios escogió … Cristo es nuestro Sumo Sacerdote en la economía neotestamentaria de Dios y, como tal, nos lleva a la presencia de Dios y cuida de todas nuestras necesidades (He. 4:14; 7:26; 9:11) … Cristo en Su ascensión fue hecho Mediador, Ejecutor, del nuevo pacto, el nuevo testamento, que Él nos legó por medio de Su muerte (8:6; 9:15) … En Su ascensión Cristo también es el fiador, el que garantiza que todo el nuevo pacto será cumplido (7:22) … Cristo es el Ministro del Lugar Santísimo celestial y nos ministra el cielo (el cual no sólo es un lugar, sino también una condición de vida) para que tengamos la vida y el poder celestiales y así podamos llevar una vida celestial en la tierra, como Él lo hizo cuando estuvo aquí (8:2) … En Su ascensión Cristo es el Paracleto (el Abogado) de los creyentes neotestamentarios (1 Jn. 2:1; Jn. 14:16, 26; 15:26; 16:7) … Cristo es el Intercesor de los creyentes neotestamentarios, quien está a la diestra de Dios y también en el interior de ellos (Ro. 8:34, 26). (*La manera práctica de llevar una vida conforme a la cumbre de la revelación divina contenida en las santas Escrituras,* págs. 18-20)

Por medio de la resurrección, la creación ascendió de categoría, y nosotros fuimos regenerados para ser los miembros del Cuerpo de Cristo. Sin embargo, el Cuerpo como tal aún no había sido formado. Fue por medio de la ascensión de Cristo que todos estos miembros llegaron a ser un Cuerpo viviente. Después de Su ascensión a los cielos, Cristo bautizó a todo Su Cuerpo mediante el derramamiento del Espíritu Santo (Hch. 2:1-4, 16-18, 33), y fue por medio de este bautismo en el Espíritu Santo que todos los miembros llegaron a ser un solo Cuerpo (1 Co. 12:13). Después de Su ascensión, Él también dio muchos dones, a saber: apóstoles, profetas, evangelistas, pastores y maestros (Ef. 4:8, 11-12), los cuales fueron dados para edificar el Cuerpo. (*Los cuatro pasos principales de Cristo,* págs. 53-54)

Lectura adicional: Los cuatro pasos principales de Cristo

Iluminación e inspiración:_____

Alimento matutino

Os. ...Fui para ellos como los que alzan el yugo de sobre
11:4 sus quijadas, y con ternura Yo les daba de comer.
Éx. Cuando se evaporó la capa de rocío, aparecieron
16:14-15 sobre la faz ... copos finos y redondos, tan finos como
la escarcha que cae sobre la tierra. Al verlo, los hijos
de Israel se dijeron unos a otros: ¿Qué es esto? porque
no sabían qué era. Entonces Moisés les dijo: Es el pan
que Jehová os ha dado para comer.

La tercera cosa que queda implícita acerca de Cristo se halla
en Oseas 11:4b ... Durante los cuarenta años en que los hijos de
Israel vagaron por el desierto, Dios les daba de comer del maná
con ternura y paciencia. El maná tipifica a Cristo como nuestro
alimento celestial. Por tanto, esta palabra acerca de que Dios les
dio de comer con ternura también alude a Cristo. Cuando fuimos
salvos, Dios nos atrajo con cuerdas de hombre, con lazos de amor,
y ahora Él nos alimenta con Cristo. Yo puedo testificar que desde
el momento en que fui salvo, Dios me ha dado de comer a Cristo
con ternura y paciencia. Es posible que en ocasiones queramos
comer demasiado o con mucha prisa, pero Dios quiere que comamos lenta y suavemente con paciencia y con constancia. Ésta es
la manera en que Dios nos alimenta.

[En] el versículo 4 ... este yugo era el yugo de Faraón, y lo que
se les dio a comer fue el maná en el desierto. Faraón había puesto
un yugo pesado sobre Israel, pero Dios quitó ese yugo y tiernamente hizo comer a Su pueblo al introducirlo en el desierto,
donde Él lo alimentó con maná de manera tierna mañana tras
mañana (Éx. 16:14-18). (*Life-study of Hosea,* págs. 66, 58-59)

Lectura para hoy

El maná tipifica a Cristo, quien es el alimento celestial que
capacita al pueblo de Dios a andar en Su camino ... Según la economía de Dios, Cristo debe ser la dieta única del pueblo escogido
de Dios, su único alimento, fuerza, satisfacción y sustento, y ellos
deben vivir sólo por Él (Nm. 11:6; Jn. 6:57). A fin de ser alimento
para nosotros, Cristo se encarnó, fue crucificado y resucitó para
llegar a ser el Espíritu vivificante y todo-inclusivo que mora en
nuestro espíritu (Jn. 6:63 y las notas). Aunque es sabido que el

maná vino del cielo (Éx. 16:4), el elemento y la esencia del maná son un misterio. El maná no pertenecía a la vieja creación; no obstante, podía nutrir el cuerpo físico del hombre. Por tanto, debía haber contenido ciertos elementos y minerales que formaban parte de la vieja creación. Cristo, el maná verdadero, también es misterioso. En resurrección Él llegó a ser el Espíritu vivificante (1 Co. 15:45); no obstante, posee un cuerpo que puede ser visto y tocado (Lc. 24:36-43). Por tanto, es difícil decir si Cristo es espiritual o material. (Éx. 16:15, nota 1)

El maná visible era el maná que los hijos de Israel recogían cada mañana, el maná público. No obstante, el gomer de maná colocado en la urna y conservado dentro del Arca en el Lugar Santísimo estaba escondido. Este maná no era para la congregación de una manera pública. No obstante, desde el punto de vista de nuestra experiencia, también es posible decir que el maná visible es maná que no se ha comido, mientras que el maná escondido se refiere al maná que hemos comido, digerido y asimilado. Cuando comemos el maná, éste se convierte espontáneamente en el maná escondido.

Según Apocalipsis 2:17, el maná escondido está destinado a los vencedores, ... una porción especial reservada a Sus buscadores vencedores que vencen la degradación de la iglesia mundana ... Cada sacerdote apropiado es un vencedor. No piense que usted no puede ser un vencedor. Usted puede ser un vencedor al disfrutar a Cristo como el maná. Coma del maná visible, y Cristo se convertirá en el maná escondido. Éste lo constituirá un vencedor. También cumplirá los requisitos de la ley interior de vida y le traerá paz. Como resultado, usted será un vencedor conforme a Apocalipsis 2:17 ... Al comer del maná escondido, recibiremos una piedrecita blanca (Ap. 2:17). En la Biblia, una piedra representa el material de construcción. Si comemos del maná escondido, nos convertiremos en sacerdotes y en vencedores. Finalmente, el maná escondido nos transformará en piedras para la edificación de la morada de Dios. (*Estudio-vida de Éxodo*, págs. 448, 455-456)

Lectura adicional: Estudio-vida de Éxodo, mensajes 34, 38-39; La revelación crucial de la vida hallada en las Escrituras, cap. 3

*Iluminación e inspiración:*_____

_____

Himnos, **#474**

Cristo vino a ser un hombre,
　　se vistió de humanidad,
Él murió en una cruz
　　y me libró del viejo Adán.
Cristo ha resucitado
　　como Espíritu en verdad
Para hoy mi vida ser.

Primer coro:
　　¡Gloria, gloria, aleluya!
　　¡Gloria, gloria, aleluya!
　　¡Gloria, gloria, aleluya!
　　¡Mi vida Cristo es!

Segundo coro:
　　¡Qué victoria, aleluya!
　　¡Qué victoria, aleluya!
　　¡Qué victoria, aleluya!
　　¡Mi todo Cristo es!

Redacción de una profecía con un tema central e
*ideas secundarias:*_____

_____

_____

_____

_____

_____

_____

_____

_____

_____

_____

_____

_____

_____

_____

_____

_____

_____

_____

_____

_____

_____

_____

_____

_____

_____

_____

_____

_____

_____

_____

_____

_____

**El pensamiento central del libro de Joel
y su profecía gobernante
respecto a cuatro clases de langostas**

Lectura bíblica: Jl. 1:1-4; 2:25-32; 3:11

Día 1 **I. Es preciso que veamos cuál es el pensamiento central del libro de Joel y su profecía gobernante respecto a cuatro clases de langostas:**

A. El nombre Joel significa "Jehová es Dios" (1:1).

B. "Oíd esto, oh ancianos, / y prestad atención, todos vosotros los habitantes del país. / ¿Ha acontecido algo semejante en vuestros días, / o en los días de vuestros padres? / Contad de esto a vuestros hijos, / y vuestros hijos a sus hijos, / y sus hijos a la siguiente generación. / Lo que dejó la langosta que corta, lo comió la langosta que pulula; / lo que dejó la langosta que pulula, lo comió la langosta que lame; / y lo que dejó la langosta que lame, lo comió la langosta que consume" (vs. 2-4):

1. En el versículo 4 se usan cuatro expresiones para calificar a las *langostas,* probablemente refiriéndose a una sola clase de langosta en diferentes etapas de crecimiento (cfr. 2:25).

2. Las cuatro etapas por las que pasa esta única clase de langosta se refieren a las naciones que devastaron a Israel en cuatro imperios consecutivos: Babilonia, Medo-Persa, Grecia y Roma, incluyendo al anticristo, quien será el último césar del Imperio romano (Ap. 17:8-11; cfr. Dn. 7:12).

3. Los ejércitos de estos imperios eran como langostas (Jl. 2:25) que venían a devastar y consumir a Israel por completo, devorando su gente, sus tierras, campos, productos, alimentos y bebidas, así como también eliminando sus ofrendas.

4. Estos imperios corresponden a las cuatro secciones de la gran imagen humana descrita en Daniel 2:31-33, a las cuatro bestias de Daniel 7:3-8 (cfr. Ap. 13:1-2) y a los cuatro cuernos de Zacarías 1:18-21.

Día 2

5. Ellos serán vencidos y aniquilados por Cristo, quien establecerá el reino y, durante la era de la restauración, reinará en medio del Israel que habrá sido salvo (Dn. 2:34-35).

C. Desde aproximadamente doscientos años antes de la llegada de Nabucodonosor, rey de Babilonia, Dios envió a los profetas para advertir a Israel, para aconsejarle y para llamarle a retornar a Dios; debido a que Israel no prestó oído a los profetas, esto obligó a Dios a enviar cuatro clases de langostas que disciplinasen a Su pueblo; Israel ha estado padeciendo el cortar, el pulular, el lamer y el consumir de las langostas por muchos siglos:

1. El propósito de Dios al permitir que Israel padeciera bajo tales langostas era producir una pareja, José y María, de modo que Dios pudiera nacer en el hombre, del hombre y proceder del hombre, a fin de llegar a ser alguien que ya no es solamente Dios, sino un Dios-hombre; por tanto, Dios se valió del sufrimiento padecido por los judíos para producir la encarnación, un evento sin precedentes que introdujo a Dios en el hombre y mezcló a Dios y el hombre, haciéndolos uno.

2. Más aún, Dios ha usado las langostas aquí descritas para proveer en el entorno todas las condiciones requeridas a fin de llevar a cabo Su propósito:

   a. El Imperio romano, la suma total de los cuatro imperios, proveyó todo lo necesario para que el Dios encarnado viviese y llevase adelante Su mover y Su obra en la tierra.

   b. Además, proveyó los medios para que Cristo fuese crucificado a fin de llevar a cabo la obra redentora de Dios (Jn. 18:31-32), así como proveyó la ocasión para que el Espíritu, quien es el Dios Triuno procesado y consumado, fuese derramado sobre toda carne a fin de producir la iglesia en calidad de Cuerpo orgánico de Cristo (Jl. 2:28-32; Hch. 2) e, incluso, proveyó las condiciones requeridas para la propagación del evangelio a toda la tierra habitada (Mt. 28:19; Hch. 1:8).

Día 3

D. Los cuatro imperios, o reinos, representados por las langostas son mundanos, pero son usados por el Artífice de Dios (Cristo, Dn. 2:34-35) como Su instrumento para disciplinar a Israel y castigar a las naciones; de esta manera Dios lleva a cabo todo lo necesario para que Cristo se manifieste plenamente, a fin de que todo el universo sea completamente restaurado:

1. Cristo es el último Artífice que Dios usa para quebrar los cuatro cuernos; los cuatro artífices son las destrezas usadas por Dios para destruir estos cuatro reinos con sus reyes; cada uno de los primeros tres reinos (Babilonia, Medo-Persa y Grecia) fue conquistado con gran destreza por el reino que les sucedió (Zac. 1:18-21; Dn. 5; 8:3-7).

2. Por lo tanto, los cuatro artífices usados por Dios son Medo-Persa, Grecia, Roma y finalmente Cristo.

3. El cuarto Artífice será Cristo como piedra no cortada por manos, quien a Su regreso desmenuzará el Imperio romano restaurado y así desmenuzará la gran imagen humana que es la totalidad del gobierno humano (2:31-35).

4. Esta piedra no sólo representa al Cristo individual, sino también al Cristo corporativo, o sea, a Cristo con Sus "valientes" (Jl. 3:11).

Día 4

II. **Tanto en la Biblia entera como en los Profetas Menores se revelan cuatro cosas: la disciplina que Dios aplica a Su pueblo elegido, el castigo que Dios inflige a las naciones, la manifestación de Cristo y la restauración; estos cuatro asuntos son abarcados en Joel, un breve libro compuesto de tres capítulos:**

A. Primero, Dios envió las langostas para consumir a Israel (1:2—2:11); ésta fue la disciplina de Dios debido a las graves maldades cometidas por Israel.

B. Después, este libro revela que Dios castigará y juzgará a las naciones gentiles debido a que al consumir a Israel, ellas se excedieron actuando sin la menor consideración por la equidad (3:1-16a, 19).

C. La disciplina que Dios aplica a Israel y el castigo que inflige a las naciones redunda en la manifestación de Cristo:

1. Con respecto a esta manifestación, Joel habla aquí sobre el derramamiento del Espíritu procesado, consumado y compuesto, esto es, el Espíritu de Dios compuesto de la humanidad de Cristo, la muerte de Cristo y la eficacia de la misma, y la resurrección de Cristo y el poder de la misma (2:28; cfr. Éx. 30:25, nota 1); éste es el Espíritu Santo, quien fue derramado el día de Pentecostés (Hch. 2:1-4, 16-21), y este Espíritu es el Dios Triuno consumado y es quien hace a Cristo real para nosotros con miras a la manifestación de Cristo.

2. Esta manifestación comenzó con la encarnación de Cristo y ha sido confirmada y fortalecida por el derramamiento del Espíritu, pues mediante tal derramamiento Cristo el individuo llegó a ser el Cristo corporativo (1 Co. 12:12-13), esto es, la iglesia, que es el gran misterio de la piedad, Dios manifestado en la carne (1 Ti. 3:15-16).

D. La iglesia como manifestación de Cristo introducirá el día glorioso de la restauración (Jl. 2:25-27), la era del reino milenario (3:16-21), en la cual Cristo será manifestado de manera más plena; la restauración tendrá su consumación en la plena manifestación de Cristo en la Nueva Jerusalén en el cielo nuevo y la tierra nueva (Ap. 21:1-2).

Día 5 III. **Es preciso que tengamos una clara visión en cuanto a tres asuntos:**

A. Vivimos en una era, que es la continuación de las eras anteriores, en la cual nuestro Dios continúa moviéndose; Él está laborando entre los judíos y por medio de las naciones para cumplir Su economía en la edificación del organismo del Cuerpo de Cristo (Ef. 4:16; Col. 2:19).

B. Debemos ver que hoy nosotros, los que creemos en Cristo, formamos parte del Cuerpo de Cristo; todos somos miembros del Cuerpo de Cristo, que es el organismo del Dios Triuno; como miembros del

Cuerpo, debemos aspirar a ser vencedores, los valientes (Jl. 3:11), los que regresarán con Cristo para derrotar al anticristo en la batalla de Armagedón y que serán los co-reyes de Cristo en el milenio.

C. Nuestra meta como miembros del Cuerpo de Cristo es agrandar la manifestación de Cristo intrínsecamente; nuestro deseo es ver el agrandamiento intrínseco de la manifestación de Cristo en el Espíritu del Dios Triuno procesado y mediante la vida de nuestro Padre, el Ser Divino eterno y todopoderoso.

Día 6   IV. **Podemos optar por el camino vencedor de agrandar la manifestación de Cristo a fin de llegar a ser Sus valientes (v. 11) al andar, vivir y tener nuestro ser en el espíritu mezclado y conforme a él (Ro. 8:4) mediante las siguientes prácticas orgánicas:**

A. Invocar el nombre del Señor (Jl. 2:32; Ro. 10:12-13).

B. Orar-leer Su palabra, que es el Espíritu (Ef. 6:17-18).

C. Orar sin cesar (1 Ts. 5:17).

D. No apagar al Espíritu sino avivar el fuego del espíritu (v. 19; 2 Ti. 1:6-7).

E. No menospreciar el profetizar sino respetarlo (1 Ts. 5:20; 1 Co. 14:4b, 12, 31).

V. **"Espero que todos escojamos, no el camino cristiano común y ordinario sino el camino vencedor de ser los valientes que pueden corresponder al único Valiente. Cristo está ahora sobre el trono en los cielos, esperando que seamos perfeccionados y madurados. Finalmente vendrá el momento preciso en que Él regresará a castigar a las naciones, a salvar al remanente de Israel y a consumar la economía de Dios con respecto a nosotros. Entonces vendrá la era de la restauración. Ésa era llevará la Nueva Jerusalén a su consumación, la cual será la consumación máxima de la expresión de Dios en Cristo"** (*Life-study of the Minor Prophets*, págs. 92-93).

Alimento matutino

Jl. Oíd esto, oh ancianos, y prestad atención, todos voso-
1:2 tros los habitantes del país...
   4 Lo que dejó la langosta que corta, lo comió la langosta
   que pulula; lo que dejó la langosta que pulula, lo
   comió la langosta que lame; y lo que dejó la langosta
   que lame, lo comió la langosta que consume.

El primer asunto importante [en el libro de Joel] es la plaga de
las cuatro clases de langostas (las naciones) o de una sola clase
de langosta en cuatro etapas ... Joel 1:2-4 nos muestra cuán seria es
esta profecía ... Los ancianos entre el pueblo deben escuchar este
mensaje, y todos los habitantes del país deben prestar atención.
Ellos deben decírselo a sus hijos, y sus hijos a sus hijos, y los hijos de
éstos a la siguiente generación (vs. 2-3; Sal. 78:6).

En Joel 1:4 se usan cuatro expresiones para calificar a las langostas, probablemente refiriéndose a una sola clase de langosta en
diferentes etapas de crecimiento. Como veremos, esta única clase
de langosta en cuatro diferentes etapas corresponde a las cuatro
secciones de la gran imagen humana descrita en Daniel 2, a las
cuatro bestias de Daniel 7 y a los cuatro cuernos de Zacarías 1. La
langosta que corta se refiere al Imperio babilónico, la langosta que
pulula al Imperio medo-persa, la langosta que lame al Imperio
griego y la langosta que consume al Imperio romano. (*Life-study of
Joel*, págs. 9-10)

Lectura para hoy

En Joel 1:6a se habla de una nación fuerte e innumerable que
sube contra la tierra de Jehová ... La llegada de una nación así es
comparada a un tipo de langosta en cuatro diferentes etapas: la langosta que corta, la langosta que pulula, la langosta que lame y la
langosta que consume (v. 4; 2:2, 4-11). Las cuatro clases sucesivas
de langostas se refieren a las naciones que devastaron a Israel en
cuatro imperios consecutivos ... Esta nación poderosa es comparada
además a la gran imagen humana en sus cuatro secciones: la cabeza
de oro, que representa a Babilonia; el pecho y los brazos de plata, que
representan al Imperio medo-persa; el abdomen y los muslos de
bronce, que representan a Grecia, y las piernas de hierro con sus pies,
que representan a Roma (Dn. 2:31-33) ... Que una nación poderosa e

innumerable subiera así, se compara además a cuatro bestias: un león, un oso, un leopardo y la bestia que constituye la totalidad de las tres primeras (Dn. 7:2-8; Ap. 13:2a) ... Esta nación es comparada por último a cuatro cuernos (Zac. 1:18-21). Los cuatros cuernos, las cuatro bestias, las cuatro secciones de la gran imagen y las cuatro clases de langostas se refieren, todos, a los mismos cuatro imperios. A lo largo de la historia humana, en el trato de Dios para con Israel y en Su castigo sobre los gentiles, estos cuatro imperios han sido, y todavía son, el centro ... La nación mencionada en Joel 1:6a vino a devastar la tierra de Jehová, devorando y despedazando a la gente y convirtiendo esa tierra en desolación (vs. 6b-7a; 2:3; Dn. 7:7; Is. 10:3; Jer. 25:11). A causa de esta desolación, no hubo alimento para dar de comer a la gente ni vino para alegrarla (Jl. 1:5, 7, 10-12, 16a, 17), tampoco hubo ofrenda de harina ni libación que los sacerdotes pudieran ofrecer a Dios en Su templo (vs. 9, 13, 16b), ni hubo pasto para las bestias, los hatos de vacas y los rebaños de ovejas (vs. 18-20) ... Los imperios que han devastado la tierra de Jehová incluyen los imperios que han surgido desde Nabucodonosor, el primer rey del Imperio babilónico, pasando por los imperios medo-persa, greco-macedónico y hasta el último césar (el anticristo) del Imperio romano ... En realidad, Babilonia comenzó con Babel, la cual fue fundada por Nimrod (Gn. 10:8-10), el primer tipo del anticristo ... Una plaga de langostas es algo terrible. En tan solo un día una cosecha entera puede ser consumida, nada puede detener a las langostas devoradoras. Los ejércitos de Babilonia, Medo-Persia, Grecia y Roma eran como langostas que venían a devastar a Israel por completo, devorando su gente, sus tierras, campos, productos, alimentos y bebidas, así como también eliminando sus ofrendas.

Aparentemente, estos cuatro imperios eran humanos como la gran imagen humana que representa la totalidad del gobierno humano. Sin embargo, a los ojos de Dios son bestias. Babilonia es el león, Medo-Persia es el oso, Grecia es el leopardo y Roma, como totalidad que incluye los tres primeros, es la bestia más salvaje y devastadora de todas. Por último, estos cuatro imperios son cuatro cuernos usados por Satanás para devastar al pueblo escogido de Dios. Las profecías a este respecto ahora son historia. (*Life-study of Joel*, págs. 10-12)

Lectura adicional: Life-study of Joel, mensaje 2

Iluminación e inspiración:_____

_____

Alimento matutino

Dn. **...Una piedra fue cortada, no con manos, e hirió a la**
2:34-35 **imagen en sus pies de hierro y de barro *cocido*, y los**
desmenuzó ... Y la piedra que hirió a la imagen se
hizo un gran monte que llenó toda la tierra.

El pensamiento central de Joel es que las naciones, que son las langostas, devastan a Israel mediante cuatro imperios consecutivos, los cuales van desde Nabucodonosor, el primer rey de Babilonia, hasta el anticristo, el último césar de Roma; estos imperios serán vencidos y aniquilados por Cristo, quien establecerá el reino y, durante la era de la restauración, reinará en medio del Israel que habrá sido salvo. Los cuatro imperios que devastan a Israel y que serán vencidos y aniquilados por Cristo son el Imperio babilónico, el Imperio medo-persa, el Imperio greco-macedónico y el Imperio romano. Estos cuatro imperios están representados por la gran imagen de hombre... la cual será destruida por Cristo, quien es la piedra no cortada por manos (Dn. 2:34-35)... Esta piedra no solamente representa a Cristo el individuo, sino también al Cristo corporativo. El Cristo corporativo vendrá como una piedra cortada no por manos y aplastará el gobierno humano desmenuzándolo. (*Life-study of Joel*, pág. 2)

Lectura para hoy

Desde aproximadamente doscientos años antes de la llegada de Nabucodonosor, rey de Babilonia, Dios envió a los profetas para advertir a Israel, para aconsejarle y para llamarle a retornar a Dios. Sin embargo, Israel no prestó oído a los profetas. Esto obligó a Dios a enviar cuatro clases de langostas que disciplinasen a Su pueblo. Israel ha estado padeciendo el cortar, el pulular, el lamer y el consumir de las langostas por veintisiete siglos. El propósito de Dios al permitir que Israel padeciera bajo tales langostas era producir una pareja, José y María, de modo que Dios pudiera nacer en el hombre, del hombre y procedente del hombre, a fin de llegar a ser alguien que ya no es solamente Dios, sino un Dios-hombre (cfr. Mt. 1). Por tanto, Dios se valió del sufrimiento padecido por los judíos para producir la encarnación, un evento sin precedentes que introdujo a Dios en el hombre y mezcló a Dios y el hombre, haciéndolos uno; más aún, Dios ha usado las langostas aquí descritas para proveer en el entorno todas las condiciones requeridas a fin de llevar a cabo

Su propósito. El Imperio romano, la suma total de los cuatro imperios, proveyó todo lo necesario para que el Dios encarnado viviese y llevase adelante Su mover y Su obra en la tierra. Además, proveyó los medios para que Cristo fuese crucificado a fin de llevar a cabo la obra redentora de Dios (Jn. 18:31-32) así como proveyó la ocasión para que el Espíritu, quien es el Dios Triuno procesado y consumado, fuese derramado sobre toda carne a fin de producir la iglesia en calidad de Cuerpo orgánico de Cristo (Hch. 2) e, incluso, proveyó las condiciones requeridas para la propagación del evangelio a toda la tierra habitada (Mt. 28:19; Hch. 1:8). (Jl. 1:4, nota 1)

Daniel 7:12 dice: "En cuanto a las demás bestias, su dominio fue quitado, pero se les otorgó prolongación de vida por un tiempo y plazo". Aquí se da a entender que al ser derrotado cada imperio, si bien su dominio le era quitado, su cultura era adoptada por cada uno de los imperios que le sucedían, por lo cual, cada uno de aquellos imperios derrotados continuaba viviendo... El Imperio romano heredó las culturas de los tres anteriores imperios. Si bien el dominio del Imperio romano ha cesado, su "vida", esto es, su cultura, continúa. En cierto sentido, todos somos ciudadanos romanos, pues estamos bajo la influencia del espíritu del Imperio romano, especialmente en los asuntos relacionados con la política y las leyes. Hoy en día la cultura mundial es romana; no obstante, al ser una acumulación de culturas, contiene las culturas de los babilonios, los persas y los griegos.

El asunto crucial del propósito de Dios, ... el factor del sufrimiento[,] es el factor que produjo la encarnación. Mediante la encarnación el Dios infinito, eterno y todopoderoso fue introducido en la humanidad y mezclado con ella ¡Ninguna otra cosa, ni aún la creación del universo, puede ser más importante que esto! ... Por tanto, el factor del sufrimiento era el factor requerido para consumar la encarnación divina, el sufrimiento de los judíos fue un factor necesario para que se produjera la encarnación. Como resultado de que Dios entró en la humanidad y se mezcló con ella, ahora tenemos una persona única: Jesús, quien es tanto el Dios completo como un hombre perfecto. Dios se hizo hombre, el hombre Jesús, y vivió sobre esta tierra haciendo Su hogar en Nazaret por treinta años. ¡Ciertamente éste es el milagro más grande de todo el universo! (*Life-study of Joel*, págs. 12, 30)

Lectura adicional: Life-study of Joel, mensajes 1, 5

Iluminación e inspiración:_____

_____

Alimento matutino

Zac. Después alcé mis ojos y miré, y he aquí cuatro cuer-
1:18-21 nos ... Éstos son los cuernos que dispersaron a Judá,
a Israel y a Jerusalén. Me mostró luego Jehová cuatro artífices ... Éstos han venido para aterrorizarlos,
para derribar los cuernos de las naciones que alzaron el cuerno contra la tierra de Judá para
dispersarla.

Los cuatro imperios representados por las langostas son muy
mundanos, pero son usados por el Artífice de Dios (Cristo, Dn.
2:34-35) como Su instrumento para disciplinar a Israel y castigar
a las naciones. De esta manera, Dios lleva a cabo todo lo que sea
necesario para que Cristo se manifieste plenamente, a fin de que
todo el universo sea plenamente restaurado. (*Life-study of Joel*,
pág. 13)

La visión de los cuatro cuernos y los cuatro artífices (Zac.
1:18-21) fue una palabra de promesa que dio consuelo y aliento a
Israel por ser la respuesta de Dios a la intercesión de Cristo en pro
de Sion y Jerusalén en el versículo 12. Los cuatro cuernos son cuatro reinos con sus reyes —Babilonia, Medo-Persia, Grecia y el
Imperio romano—, también representados por la gran imagen
humana descrita en Daniel 2:31-33 y por las cuatro bestias mencionadas en 7:3-8, que dañaron y destruyeron al pueblo escogido
de Dios. Los cuatro artífices (Zac. 1:20) son las destrezas usadas
por Dios para destruir estos cuatro reinos con sus reyes. Cada uno
de los primeros tres reinos —Babilonia, Medo-Persia y Grecia—
fue conquistado con gran destreza por el reino que les sucedió (cfr.
Dn. 5; 8:3-7). El cuarto Artífice será Cristo como piedra no cortada
por manos, quien a Su regreso desmenuzará el Imperio romano
restaurado y así desmenuzará la gran imagen humana, que es la
totalidad del gobierno humano (Dn. 2:31-35). (Zac. 1:18, nota 1)

Lectura para hoy

En Joel 3:1-15 se nos habla sobre el juicio que Cristo ejecutará
sobre las naciones: el juicio de los que estén vivos (Hch. 10:42;
17:31) ... Este juicio tendrá lugar en el valle de Josafat, que es el

valle de la decisión (Jl. 3:2, 12, 14) ... El propósito del juicio de Cristo será dar pago a las naciones por el maltrato que infligieron a Israel durante la gran tribulación (vs. 2b-8; Ap. 12:17; 13:7, 10; Mt. 25:41-46a). Después que Cristo arroje al anticristo y al falso profeta en el lago de fuego, Él establecerá Su trono en Jerusalén; y todos lo que hayan quedado vivos de entre las naciones, en calidad de cabritos y ovejas, serán reunidos delante de Cristo para ser juzgados por Él. Los cabritos serán los malos, aquellos que persiguieron a los judíos, y las ovejas serán los buenos, quienes ayudaron a los judíos perseguidos durante la tribulación.

Finalmente, Joel habla sobre la victoria que Cristo y Sus vencedores obtienen sobre las naciones y sobre Su reinado en medio de Israel durante la era de la restauración (3:9-13, 16-21) ... Primero, según los versículos 9 al 13, Cristo con Sus vencedores, quienes son los valientes (Ap. 17:14; 19:11-14), derrotarán al anticristo y sus ejércitos (las naciones) en Armagedón ... Después de la derrota del anticristo en Armagedón, Cristo reinará en medio de Israel sobre el santo monte Sion dentro de Jerusalén (Jl. 3:16a, 17, 21b) ... Al reinar en Jerusalén, Cristo será albergue y fortaleza para los hijos de Israel (v. 16b). Debido a esto, nadie podrá dañar nunca más a Israel ... El reinado de Cristo dentro de Jerusalén, sobre el santo monte Sion y en medio de Israel tendrá lugar durante la restauración (v. 18; Mt. 19:28) ... Joel 3:18a nos dice que en la restauración los montes destilarán mosto y los collados fluirán leche. Esto describe la situación de riqueza que habrá entonces ... En la restauración no habrá escasez de agua, pues por todos los cauces de Judá correrán aguas (v. 18b). Allí donde haya un cauce, habrá un río que rebose agua ... Saldrá una fuente de la casa de Jehová, el templo, y regará toda la tierra santa (v. 18c). Esto alude a la situación que imperará en la Nueva Jerusalén, donde un río fluirá del trono de Dios y del Cordero para regar la ciudad santa ... En Joel 3:19-21a se nos dice que todos los enemigos que rodeen a Israel serán castigados. Por tanto, las naciones serán castigadas, Israel será restaurado y Cristo será manifestado. Éste será un preludio al cielo nuevo y la tierra nueva con la Nueva Jerusalén. (*Life-study of Joel*, págs. 20-22)

Lectura adicional: Life-study of Joel, mensaje 3

*Iluminación e inspiración:*_____

_____

Alimento matutino

Jl. **Yo os restauraré los años que han comido la langosta**
2:25-26 **que pulula, la langosta que lame, la langosta que con-**
sume y la langosta que corta, Mi gran ejército que
envié contra vosotros. Comeréis abundantemente y
quedaréis satisfechos, y alabaréis el nombre de
Jehová vuestro Dios, el cual os ha tratado maravillo-
samente; nunca jamás será Mi pueblo avergonzado.

La Biblia aborda cuatro cosas: la disciplina que Dios aplica a
Su pueblo elegido, el castigo que Dios inflige a las naciones, la
manifestación de Cristo y la restauración. Estos cuatro asuntos
son abarcados en Joel, un breve libro compuesto de tres capítulos.
Primero, Dios envió las langostas para consumir a Israel. Ésta
fue la disciplina de Dios debido a las graves maldades cometidas
por Israel. Segundo, este libro revela que Dios castigará y juzgará a las naciones gentiles. Tercero, Joel habla sobre el derramamiento del Espíritu procesado, consumado y compuesto, esto
es: el Espíritu de Dios compuesto de la humanidad de Cristo, de
la muerte de Cristo y la eficacia de la misma, y de la resurrección
de Cristo y el poder de la misma. Éste es el Espíritu Santo, quien
fue derramado el día de Pentecostés, y este Espíritu es Cristo
en Su consumación para Su manifestación. Esta manifestación
comenzó con la encarnación de Cristo y ha sido confirmada y fortalecida por el derramamiento del Espíritu, pues mediante tal
derramamiento Cristo el individuo llegó a ser el Cristo corporativo, dando inicio a la vida de iglesia y a la era de la iglesia. La
iglesia es el gran misterio de la piedad, Dios manifestado en
la carne. (1 Ti. 3:15-16). Por tanto, nosotros somos la manifestación de Cristo. Ahora esperamos el cuarto asunto revelado en el
libro de Joel, este es: el día glorioso de la restauración, cuya consumación será la Nueva Jerusalén en el cielo nuevo y la tierra
nueva. Ésta es la revelación de la Biblia y esta es la historia del
universo. (*Life-study of Joel*, págs. 12-13)

Lectura para hoy

La última etapa en la que Dios envía las langostas es la correspondiente al Imperio romano. Mientras el Imperio romano

castigaba al rebelde Israel, Dios hizo algo callada y misteriosamente. Dios usó al Imperio romano para mantener la paz y el orden en la región alrededor del mar Mediterráneo, región que era el centro de la población mundial. Se construyeron carreteras, se establecieron rutas marítimas y se adoptó el griego como lengua común que era hablada por todos los pueblos. Fue en ese tiempo que Dios vino a encarnarse por medio de nacer de una virgen en una pequeña aldea, Belén, y después ir a vivir en Nazaret. Durante treinta y tres años y medio el Dios del amor imperecedero, en Su humanidad, vivió como un hombre en la tierra. Después, Él fue a la cruz y murió la muerte de un criminal bajo la versión romana de la pena capital. Aunque la gente mundana no se dio cuenta de ello, Cristo murió una muerte vicaria y todo-inclusiva. Después de tres días, resucitó. El mismo día, en la mañana de Su resurrección, Él ascendió al Padre y descendió nuevamente a la tierra para encontrarse con Sus discípulos. Cuarenta días después, en presencia de Sus discípulos, Él ascendió a los cielos. Después de más de diez días, el día de Pentecostés, Él descendió nuevamente para, como Espíritu, derramarse sobre tres mil de Sus creyentes, haciendo de aquellos tres mil personas iguales a Él en vida y naturaleza. El resultado de tal derramamiento del Espíritu fue un Cristo corporativo, el cual es la manifestación de Cristo.

Esto nos permite ver que fue mediante las langostas romanas que se pudo llevar a cabo tanto la redención de Dios como la predicación del evangelio. Primero, el evangelio fue propagado en todo el Imperio romano; y después, como resultado del imperialismo romano, a otras partes del mundo.

Al presente hay tres cosas que ocurren sobre la tierra: la devastación efectuada por las langostas romanas, el sufrimiento de Israel y la manifestación de Cristo ... La línea de la manifestación de Cristo a la postre nos llevará a una manifestación de Cristo de manera más plena en la era de la restauración ... [la cual] tendrá su consumación en la plena manifestación de Cristo en la Nueva Jerusalén en el cielo nuevo y la tierra nueva. Ésta es la escatología apropiada. (*Life-study of Joel*, págs. 24-25)

Lectura adicional: The Collected Works of Watchman Nee, t. 38,
    págs. 326-328; t. 19, págs. 476-478

Iluminación e inspiración:_____

_____

Alimento matutino

Col. ...Asiéndose de la Cabeza, en virtud de quien todo el
2:19 Cuerpo, recibiendo el rico suministro y siendo entrelazado por medio de las coyunturas y ligamentos,
crece con el crecimiento de Dios.

Jl. Apresuraos y venid, naciones todas de alrededor, y
3:11-12 congregaos. ¡Haz descender allí a Tus valientes, oh
Jehová! Despiértense las naciones y suban al valle de
Josafat. Porque allí me sentaré para juzgar a todas
las naciones de alrededor.

Todos necesitamos una clara visión de la era en la que vivimos,
de dónde estamos y de cuál debe ser nuestra meta ... Vivimos en
una era que además de ser la continuación de las eras que la prece-
dieron es una era en la cual nuestro Dios continúa Su mover. Así
pues, Él está laborando entre los judíos y por medio de las naciones
para cumplir Su economía en la edificación del organismo del
Cuerpo de Cristo ... Debemos ver que hoy nosotros, los que creemos
en Cristo, formamos parte del Cuerpo de Cristo. Todos somos miembros del Cuerpo de Cristo, que es el organismo del Dios Triuno.
Como miembros del Cuerpo, debemos aspirar a ser vencedores, los
valientes (Jl. 3:11), los que regresarán con Cristo para derrotar al
anticristo en la batalla de Armagedón y que serán los co-reyes de
Cristo en el milenio ... Más aún, debemos tener bien en claro cuál es
nuestra meta como miembros del Cuerpo. Nuestra meta es agrandar la manifestación de Cristo intrínsecamente. No debe interesarnos un mero agrandamiento externo ... Por el contrario, nuestro
deseo es ver el agrandamiento intrínseco de la manifestación de
Cristo que se realiza en el Espíritu del Dios Triuno procesado
y mediante la vida de nuestro Padre, el Ser Divino eterno y todopoderoso. (*Life-study of Joel*, pág. 26)

Lectura para hoy

Tanto el factor de la devastación como el factor del sufrimiento
han sido muy útiles a Dios. Los judíos habían perdido su nación y
habían sido dispersados por todas partes, por lo cual anduvieron
errantes durante siglos. Humanamente hablando, esto fue una tra-
gedia. Pero el día de Pentecostés, después que Dios hubo consumado
Su largo proceso de encarnación, vivir humano, crucifixión, resurrección y ascensión, era necesario que se derramara a Sí mismo sobre
todo el linaje humano, no solamente sobre un pueblo, sino sobre todos
los pueblos. Para este derramamiento se requería de una ocasión

particular y, entonces, el Imperio romano hizo esto posible. Primero, fue el Imperio romano el que dispersó a los judíos entre todos los pueblos. Después, exactamente en el día correcto, cuando el tiempo era propicio, el Imperio romano proveyó la manera en que el pueblo que había sido dispersado regresase a Jerusalén para disfrutar de la festividad. En ese tiempo de regocijo, Dios de improviso descendió sobre las personas. Esto nos permite ver que mediante aquel que sufría, Israel, y mediante todas las facilidades provistas por la langosta que consume, langosta que es el gobierno romano, Dios se derramó sobre toda carne. Ahora nosotros, la iglesia, somos la manifestación de Cristo, producida por este derramamiento del Dios Triuno procesado y consumado sobre toda carne.

Las langostas actuales también son útiles a Dios y a nosotros, los miembros de la iglesia, el Cuerpo de Cristo. Es debido a las langostas que tenemos cosas tales como el teléfono, el micrófono, la grabadora, el avión, la computadora y el fax. Es debido a las langostas que nosotros los que vivimos en los Estados Unidos disfrutamos la libertad de expresión y libertad de reunirnos como la iglesia ... En un sentido muy real, todas las langostas están trabajando para nosotros. Los millones de langostas que pululan hoy sobre la tierra nos sirven para que hoy nosotros podamos estar aquí en función de la manifestación de Cristo.

La devastación efectuada por las langostas así como el sufrimiento padecido por Israel nos sirven a nosotros. Esto quiere decir que nosotros, los que estamos en la vida de iglesia hoy, somos los beneficiarios tanto de lo que acontece con los judíos como con las naciones ... Pablo dice que todas las cosas cooperan para nuestro bien (Ro. 8:28). Por tanto, nosotros somos el tercer factor: los beneficiarios. En calidad de beneficiarios, debemos darle gracias al Señor por todo lo que Él ha hecho por nosotros a través de la devastación de las langostas y el sufrimiento de los judíos.

El cuarto factor en el libro de Joel es el principio de la restauración. En el futuro tendremos la restauración real, práctica y concreta; pero al presente, nosotros, el tercer factor, estamos experimentando la restauración, el cuarto factor, en la medida que participamos de la manifestación de Cristo y la disfrutamos, manifestación que vino gracias a los primeros dos factores, esto es, gracias a la devastación efectuada por las langostas y el sufrimiento padecido por Israel. (*Life-study of Joel*, págs. 31-32)

Lectura adicional: Life-study of Joel, mensaje 4

*Iluminación e inspiración:*_____

_____

Alimento matutino

Jl. Y todo aquel que invoque el nombre de Jehová, será
2:32 salvo; porque en el monte Sion y en Jerusalén habrá
escape, como ha dicho Jehová, incluso para el remanente al cual Jehová llame.
1 Ts. Estad siempre gozosos. Orad sin cesar. Dad gracias
5:16-20 en todo, porque ésta es la voluntad de Dios en Cristo
Jesús para con vosotros. No apaguéis al Espíritu. No
menospreciéis las profecías.

Espero que todos escojamos, no el camino cristiano común y ordinario sino el camino vencedor de ser los valientes que pueden corresponder al único Valiente. Cristo está ahora sobre el trono en los cielos, esperando que seamos perfeccionados y madurados. Finalmente vendrá el momento preciso en que Él regresará a castigar a las naciones, a salvar al remanente de Israel y a consumar la economía de Dios con respecto a nosotros. Entonces vendrá la era de la restauración. Esa era llevará la Nueva Jerusalén a su consumación, la cual será la consumación máxima de la expresión de Dios en Cristo. (*Life-study of Joel*, págs. 26-27)

Lectura para hoy

[En] 1 Tesalonicenses 5:16-20 ... [presten] atención a tres puntos. Primero, orad sin cesar. En segundo lugar, no apaguéis al Espíritu. Tercero, no menospreciéis las profecías. Romanos 10:12 ... dice que el Señor es rico. Sus riquezas son inescrutables (Ef. 3:8), pero ¿cómo podemos participar de las riquezas del Señor y disfrutarlas? Aquí tenemos una manera muy simple. Esta manera es invocar al Señor.

Nosotros enseñamos la práctica de orar-leer la Palabra basándonos en lo que Pablo dice [en Efesios 6:17-18]. El versículo 17 dice que el Espíritu es la palabra de Dios. El Señor Jesús dijo: "Las palabras que Yo os he hablado son espíritu" (Jn. 6:63). Lo dicho en Efesios 6:17 no se refiere a la palabra impresa. Esta palabra equivale al Espíritu. El versículo siguiente, el versículo 18, nos dice que tenemos que orar usando esta palabra, y que tenemos que velar al hacer este tipo de oración. En otras palabras, tenemos que velar acerca de orar-leer. Aquí no se habla de velar en cuanto a la lectura de la Biblia ni en cuanto a nuestra oración común. Ésta es una oración particular en la cual se usa la palabra al orar, haciendo de la palabra nuestra oración.

[En 2 Timoteo 2:22] Pablo le mandó a Timoteo que siguiera a Cristo como estos asuntos al invocar el nombre del Señor. Invocar de este modo no se hace individualmente, sino con los que de corazón puro invocan al Señor.

Es cierto que el Señor nos ha revelado gradualmente todos estos asuntos en los últimos años, y que tales cosas ya se han publicado en libros. Pero en nuestra práctica hay una gran escasez. ¿Qué tanto invocó usted al Señor hoy? ¿Ora-lee usted la palabra regularmente y en la forma apropiada? ¿Ora usted sin cesar? ¿Aviva usted la llama del Espíritu (2 Ti. 1:6)? Se nos dice que no apaguemos al Espíritu, pero casi todos nosotros apagamos al Espíritu todos los días.

Ahora al poner en práctica la vida de iglesia fomentamos el asunto de profetizar ... Profetizar es impartir la palabra de Dios a los demás ... Profetizar es proclamar a Cristo impartiéndolo en otros ... Nosotros ministramos a Cristo cuando hablamos. Usted puede sacar el pretexto de que no es una persona dotada para hablar como algunos hermanos. Pero, ¿puede usted decir que no tiene el don de hablar por el Señor, de proclamar al Señor o de impartir al Señor en otros? Todos tenemos este don, el don de expresar a Cristo al hablar (1 Co. 14:31).

Para llevar a cabo la economía de Dios según la cumbre de la revelación de Dios, necesitamos practicar todo lo que hemos mencionado. Se nos ha mandado que andemos, vivamos y nos conduzcamos en el espíritu mezclado y según el mismo (Ro. 8:4). ¿Cómo podemos hacer esto? Podemos hacerlo solamente siguiendo estos pasos: invocar el nombre del Señor, orar-leer la palabra del Señor, la cual es el Espíritu, orar sin cesar, no apagar al Espíritu y no menospreciar o descuidar las profecías ... La vida de un Dios-hombre es una vida en la cual uno invoca al Señor, ora-lee Su palabra, la cual es el Espíritu, ora sin cesar, no apaga al Espíritu sino que aviva la llama del Espíritu, y no menosprecia las profecías sino que las respeta. (*Una vida conforme a la cumbre de la revelación de Dios,* págs. 27-30)

Lectura adicional: Una vida conforme a la cumbre de la revelación de Dios, cap. 4

Iluminación e inspiración:_____

_____

Himnos, #403

1   ¿Eres de los vencedores?
     ¡Cristo llama hoy!
  Sin saber cómo seguirle,
     ¿Quieres ir en pos?

     ¿Eres de los vencedores?
      ¿Seguirás en pos?
   Cristo llama, Cristo llama,
     ¡Escuchad Su voz!

2   ¿Eres de los vencedores?
     ¡Busca al Señor!
  Hasta el rapto siempre guarda
  Tu primer amor.

3   ¿Eres de los vencedores?
     Su vida eternal
  En persecución o muerte
     Tu sostén será.

4   ¿Eres de los vencedores?
     Testimonio da.
  Huye de las herejías,
     Come del maná.

5   ¿Eres de los vencedores,
     Simple, puro y real?
  Purga toda levadura
     Para así reinar.

6   ¿Eres de los vencedores?
     ¡Vive en el Señor!
  Sin "manchar tus vestiduras"
  Con la muerte atroz.

7   ¿Eres de los vencedores?
     Nunca tibio estés!
  No te sientas complacido,
     Busca más de Él.

8   ¿Eres de los vencedores?
     ¿Le serás leal?
  ¿Cumplirás con Su demanda,
     Su llamado real?

Redacción de una profecía con un tema central e ideas secundarias:

La historia universal conforme a la economía de Dios: la historia divina escondida dentro de la historia humana

Lectura bíblica: Jl. 1:4; 3:11; Dn. 2:31-45; Ef. 1:3-6; Mi. 5:2; Ap. 19:7-9; 22:17a

Día 1   I. **En este universo se llevan a cabo dos historias: la historia del hombre, la historia humana, y la historia de Dios, la historia divina; aquélla es como un cascarón, y ésta es como el núcleo dentro del cascarón:**

A. En los Profetas Menores la historia humana está claramente definida y representada por las cuatro clases de langostas mencionadas en Joel 1:4, y la historia divina corresponde a Cristo y Sus valientes, los vencedores, mencionados en 3:11.

B. La historia divina escondida dentro de la historia humana también se revela muy detalladamente en la Biblia; la historia de Dios es también nuestra historia por cuanto Él está unido a nosotros:

1. Es preciso que veamos que la historia de Dios en la eternidad pasada fue una preparación para Su mover, en el cual Él entra en unión con el hombre:

a. La historia divina tuvo su inicio con el Dios eterno y Su economía (Ef. 3:9-10; 1:10):

(1) Según Su economía, Dios desea forjarse a Sí mismo en el hombre a fin de ser uno con el hombre, ser la vida, el suministro de vida y el todo del hombre, y hacer que el hombre sea Su expresión (Gn. 1:26; 2:9).

(2) La intención de Dios en Su economía consiste, por tanto, en obtener una entidad corporativa, compuesta de Dios y el hombre, que sea Su expresión por la eternidad (v. 22).

Día 2   b. Dios en Su Trinidad Divina celebró un concilio en la eternidad para determinar lo concerniente a la muerte de Cristo, un acontecimiento de crucial importancia para el cumplimiento de la economía de Dios (Hch. 2:23).

c. El segundo de la Trinidad Divina se preparaba para llevar a cabo Sus "salidas" desde la eternidad y entrar en el tiempo para nacer en Belén como hombre (Mi. 5:2).

d. Dios bendijo a los creyentes de Cristo con las bendiciones espirituales en los lugares celestiales antes de la fundación del mundo (Ef. 1:3-6):

(1) Él escogió a los creyentes para que fuesen santos, es decir, santificados para Sí mismo, con Su naturaleza santa (v. 4).

(2) Él los predestinó, marcándolos, para filiación, y de ese modo los hizo hijos para Sí mismo con Su vida divina, según el beneplácito de Su voluntad, para alabanza de la gloria de Su gracia, con la cual los agració en el Amado (vs. 5-6).

2. Antes de la encarnación de Cristo, Dios llevó a cabo Su mover con los hombres y entre los hombres; esto no fue Su mover directo para llevar a cabo Su economía eterna a favor de Cristo y la iglesia, sino Su mover indirecto en Su vieja creación como preparación a Su mover directo en Su nueva creación con miras a Su economía eterna:

Día 3

a. La historia de Dios se lleva a cabo en dos partes: la historia de Dios *con* el hombre, la cual se halla en el Antiguo Testamento, y la historia de Dios *en* el hombre, la cual se halla en el Nuevo Testamento.

b. La historia de Dios en el hombre empezó con la encarnación y continuó con los procesos de encarnación, vivir humano, crucifixión, resurrección y ascensión; Oseas 11:4 dice que éstas son las cuerdas de hombre, los lazos de amor.

3. La historia divina, el mover de Dios en el hombre,

continuó con el Cristo procesado, el Dios-hombre, el cual era el prototipo, y se extiende hasta la Nueva Jerusalén, el gran Dios-hombre, que será el cumplimiento final de la economía eterna de Dios:

a. Por medio de Su encarnación y vivir humano, Cristo introdujo al Dios infinito en el hombre finito, unió y mezcló al Dios Triuno con el hombre tripartito y expresó en Su humanidad al Dios de abundancia en Sus ricos atributos mediante Sus virtudes aromáticas.

Día 4

b. La crucifixión de Cristo fue una muerte vicaria, una muerte todo-inclusiva, una redención jurídica todo-inclusiva, que puso fin a la vieja creación y resolvió todos los problemas (Jn. 1:29); en Su crucifixión Él puso fin a todas las cosas de la vieja creación, redimió todas las cosas creadas por Dios que cayeron en pecado (He. 2:9; Col. 1:20), creó (concibió) el nuevo hombre con Su elemento divino (Ef. 2:15) y liberó Su vida divina desde el interior de la cáscara de Su humanidad (Jn. 12:24; 19:34; Lc. 12:49-50).

c. En Su resurrección Él fue engendrado para ser el Hijo primogénito de Dios (Hch. 13:33; Ro. 1:4; 8:29), se hizo el Espíritu vivificante (1 Co. 15:45) y regeneró a millones de personas haciendo de ellas hijos de Dios y miembros del Cuerpo de Cristo, la iglesia (1 P. 1:3).

d. Él ascendió a los cielos y luego como Espíritu descendió para producir la iglesia, que es la expresión corporativa del Dios Triuno (Jl. 2:28-32; Hch. 2:1-4, 16-21).

e. Por lo tanto, la iglesia también forma parte de la historia divina, la historia intrínseca del misterio divino que se esconde dentro de la historia humana externa; esta parte de la historia de Dios ha durado más de mil novecientos años y aún continúa.

f. Al final de esta parte de la historia divina,

Cristo regresará, descendiendo con Sus vencedores, Su ejército (Jl. 3:11), a fin de derrotar al anticristo y su ejército:

(1) Dos personas se encontrarán: el anticristo, una figura de la historia humana externa, y Cristo con Sus vencedores, la Figura de la historia divina intrínseca.

(2) La Figura de la historia divina derrotará a la figura de la historia humana, y luego la arrojará al lago de fuego (Ap. 19:20).

g. Después de esto, vendrá el reino de mil años; finalmente, este reino llegará a su consumación en la Nueva Jerusalén en el cielo nuevo y la tierra nueva; así pues, la Nueva Jerusalén será el último paso, el paso consumado, de la historia de Dios.

II. **Es preciso que tengamos una perspectiva clara de estas dos historias: la historia humana, una historia física representada principalmente por las cuatro clases de langostas (Jl. 1:4), las cuales corresponden a las cuatro secciones de la gran imagen de Daniel 2, y la historia divina, una historia misteriosa representada principalmente por la historia de la gran piedra que desmenuza (Cristo junto con Sus vencedores), la cual desmenuzará la gran imagen humana, la totalidad del gobierno humano, y vendrá a ser el reino eterno de Dios, el cual llenará toda la tierra por la eternidad (vs. 31-45):**

Día 5

A. El Cristo corporativo, Cristo con Su novia vencedora, vendrá como una piedra a desmenuzar la totalidad del gobierno humano para traer el reino de Dios (vs. 34-35; Jl. 3:11; Ap. 19:11-21; cfr. Gn. 1:26).

B. Mientras Daniel 2 habla del Cristo que viene como una piedra no cortada con manos, Apocalipsis 19 habla del Cristo que viene como Aquel que tiene Su novia en calidad de Su ejército.

C. En Efesios 5 y 6 vemos la iglesia en calidad de novia y de guerrero; en Apocalipsis 19 vemos también estos dos aspectos de la iglesia (Ef. 5:25-27; 6:10-20):

1. El día de Su boda, Cristo se casará con Su novia, los vencedores, quienes por años han estado peleando la batalla contra el enemigo de Dios (cfr. Dn. 7:25; 6:10; Ef. 6:12).

2. Antes que Cristo descienda a la tierra para derrotar al anticristo y la totalidad del gobierno humano, Él celebrará una boda, en la cual unirá los vencedores a Sí mismo para ser con ellos una sola entidad (Ap. 19:7-9).

3. Después de Su boda Él vendrá junto con Su novia recién casada a destruir al anticristo, quien junto con su propio ejército combatirá directamente contra Dios (vs. 11, 14):

   a. El Señor Jesús, la Palabra de Dios, matará al anticristo, el hombre de iniquidad, con el aliento de Su boca (vs. 13-15; 2 Ts. 2:2-8).

   b. De la boca de Cristo sale una espada aguda, para herir con ella a las naciones (Ap. 19:15a; cfr. 1:16; 2:12, 16).

4. Después de desmenuzar el gobierno humano, Dios habrá limpiado el universo entero; entonces el Cristo corporativo, Cristo con Sus vencedores, llegará a ser un gran monte que llenará toda la tierra, de modo que toda la tierra sea hecha el reino de Dios (Dn. 2:35, 44; 7:22, 27; Ap. 11:15).

Día 6

5. A fin de ser la novia en la historia divina, necesitamos la palabra de Dios, la cual nos embellece, y a fin de ser el guerrero en la historia divina, necesitamos la palabra de Dios la cual nos aniquila (Ef. 5:26; 6:17-18; cfr. 2 Ti. 3:16).

III. **Todos nosotros nacimos en la historia humana, pero renacimos, fuimos regenerados, en la historia divina:**

A. La historia divina, la historia de Dios en el hombre, transcurrió desde que Cristo se encarnó hasta que ascendió para llegar a ser el Espíritu vivificante, y después dicha historia continúa al venir Él a morar en nosotros, mediante la salvación orgánica que Dios efectúa —que incluye la regeneración, la santificación, la renovación, la transformación, la conformación y la glorificación—, la cual nos convierte en la novia gloriosa de Cristo (Ro. 5:10; Ef. 5:27; Ap. 19:7-9).

B. Esto culmina en que Cristo, el Espíritu, quien es el Dios Triuno procesado y consumado, se case con la iglesia, la novia, que es el hombre tripartito que ha sido procesado y transformado (Ap. 22:17a).

C. Ahora debemos plantearnos esta pregunta: ¿Vivimos en la historia divina o simplemente vivimos en la historia humana?

1. Si nuestro vivir transcurre en el mundo, vivimos en la historia humana.

2. Pero si vivimos en la iglesia, vivimos en la historia divina; en la vida de iglesia la historia de Dios es nuestra historia; ahora dos personas —Dios y nosotros— comparten una misma historia, la historia divina.

3. En relación con la historia divina tenemos la nueva creación, que es el nuevo hombre con un nuevo corazón, un nuevo espíritu, una nueva vida, una nueva naturaleza, una nueva historia y una nueva consumación (*Himnos,* #10; Ez. 36:26; 2 Co. 3:16; Mt. 5:8; Tit. 3:5; Ef. 5:26; 6:17-18).

4. Alabamos al Señor porque estamos en la historia divina, experimentando y disfrutando las cosas divinas y misteriosas, lo cual nos permite ser salvos orgánicamente para llegar a ser Su novia vencedora.

Alimento matutino

Jl. Lo que dejó la langosta que corta, lo comió la langosta
1:4 que pulula; lo que dejó la langosta que pulula, lo
comió la langosta que lame; y lo que dejó la langosta
que lame, lo comió la langosta que consume.

3:11 Apresuraos y venid, naciones todas de alrededor, y
congregaos. ¡Haz descender allí a Tus valientes, oh
Jehová!

La Biblia es un relato compuesto de dos historias: la historia
del hombre, la historia humana, y la historia de Dios, la historia divina. Aquélla es como un cascarón, y ésta es como el núcleo
dentro del cascarón. En los Profetas Menores la historia humana
está claramente definida y representada por las cuatro clases de
langostas mencionadas en [Joel 1:4] … La historia divina es el
misterio divino del Dios Triuno en la humanidad y, como tal, tuvo
su inicio en la eternidad pasada con el Dios eterno y Su economía
eterna (Mi. 5:2c; 1 Ti. 1:4; Ef. 1:4-5, 9-11). Ésta continúa con la
encarnación de Cristo (Mi. 5:2a); Su muerte, Su sepultura y Su
resurrección para la propagación de la redención y salvación efec-
tuadas por Dios a todas las naciones de la tierra (Jon. 1:17; 2:10);
Su derramamiento del Espíritu consumado a fin de producir la
iglesia como la expresión corporativa del Dios Triuno (Jl. 2:28-32);
Su segunda venida como Aquel que es el Deseado de las naciones
(Hag. 2:7a) y el Sol de justicia (Mal. 4:2a); Su venida junto con Sus
vencedores, quienes son Su ejército, a fin de derrotar al anticristo y
su ejército (Jl. 3:1-15); y Su reinado en Sion durante el reino de mil
años (3:16-21; Mi. 4:7). Finalmente, el reino tendrá su consumación en la Nueva Jerusalén en el cielo nuevo y la tierra nueva por
la eternidad. La Nueva Jerusalén será la última etapa, la consumación, de la historia de Dios. (Jl. 1:4, nota 1)

Lectura para hoy

El Dios vivo, enérgico y activo, el Dios que lo hace todo con un
firme propósito, ciertamente necesita una historia, una biografía … Necesitamos darnos cuenta que tal libro ya existe. Se
requirieron como mil quinientos años para completarse y se logró
mediante cuarenta escritores. El primer escritor fue Moisés y el
último fue Juan. Este libro es la Biblia. La Biblia es la biografía

de Dios, la historia de Dios. En realidad, puede decirse que la Biblia es la autobiografía de Dios, porque es un libro acerca de Dios que fue escrito por Dios por medio de varios escritores inspirados por el Espíritu Santo. Por medio de Sus siervos, Dios escribió Su autobiografía. Toda la Biblia es la historia del Dios Triuno.

Debemos conocer la historia de Dios porque Su historia está estrechamente relacionada con nosotros ... La historia de Dios ha venido a ser la nuestra porque Dios está en unión con nosotros ... La Biblia es la historia de Dios en unión con nosotros. Él es nuestro Esposo, y nosotros, Su pueblo escogido y redimido, somos Su esposa ... El Nuevo Testamento dice que Cristo, como corporificación de Dios, es el Esposo y que la iglesia es la esposa (Ef. 5:25-32; 2 Co. 11:2). El Nuevo Testamento también dice que Cristo tendrá una boda. Apocalipsis 19 habla del matrimonio del Cordero y de la cena de Sus bodas (vs. 7-9). Apocalipsis 21 y 22 nos muestran la vida conyugal que existirá en la eternidad entre Dios corporificado en Cristo y Su pueblo escogido y redimido. El Nuevo Testamento es un libro acerca del Dios Triuno y Su esposa. Así que, cuando nos referimos a la historia de Dios, tocamos nuestra vida cristiana ... La vida cristiana es la vida de una esposa casada con el Dios Triuno.

Nuestro Dios tiene una historia, y la parte más admirable de Su historia es la de la unión que Él disfruta con el hombre. Aun en el Antiguo Testamento, Dios se refirió a Sí mismo como el Esposo y a Su pueblo como Su esposa (Is. 54:5; 62:5; Jer. 2:2; 3:1, 14; 31:32; Ez. 16:8; 23:5; Os. 2:7, 19). La vida matrimonial que Dios deseaba tener con Su pueblo en el Antiguo Testamento, se realiza en el Nuevo. (*La historia de Dios en Su unión con el hombre,* págs. 9-10)

El Dios Triuno es eterno ... Él no tiene principio. En Sí mismo, el Eterno concibió una economía. De acuerdo con Su economía, Dios desea forjarse en el hombre para ser uno con el hombre, para ser la vida del hombre, el suministro de vida del hombre y su todo, y también desea obtener Su expresión a través del hombre. Por tanto, la intención de Dios en Su economía es obtener una entidad corporativa, compuesta de Dios y el hombre, que sea Su expresión por la eternidad. La historia divina tuvo su inicio en la eternidad pasada con el Dios eterno y Su economía. (*Life-study of Joel,* pág. 34)

Lectura adicional: Life-study of Joel, mensaje 6

*Iluminación e inspiración:*_____

_____

Alimento matutino

Hch. A éste, entregado por el determinado consejo y anti-
2:23 cipado conocimiento de Dios, matasteis clavándole
en una cruz por manos de inicuos.

Mi. Pero tú, oh Belén Efrata, tan pequeña entre los milla-
5:2 res de Judá, de ti me saldrá Aquel que será Gobernante en Israel; y Sus salidas son desde tiempos
antiguos, desde los días de la eternidad.

Dios en Su Trinidad Divina celebró un concilio en la eternidad
(Hch. 2:23 y la nota 1)... Dios el Padre, Dios el Hijo y Dios el Espíritu tuvieron un concilio, una conferencia, en la eternidad para
determinar lo concerniente a la muerte de Cristo, un acontecimiento de crucial importancia para el cumplimiento de la economía
eterna de Dios. Dios hizo una economía, pero Dios tuvo que tomar
una decisión acerca de cómo llevar a cabo Su economía. Para lle-
varla a cabo, Cristo tenía que pasar por una muerte todo-inclusiva.
(*La historia de Dios en Su unión con el hombre*, págs. 17-18)

Lectura para hoy

El segundo de la Trinidad Divina se preparaba para llevar a
cabo Sus "salidas" desde la eternidad y entrar en el tiempo para
nacer en Belén como hombre. Miqueas 5:2 nos dice que Cristo
iba a nacer en Belén y que eso fue parte de Sus "salidas" ... Sus
salidas son Sus venidas. En la eternidad pasada, antes que Dios
como segundo de la Trinidad Divina viniera para nacer en Belén
en el tiempo, Él se preparaba para venir.

Dios bendijo a los creyentes de Cristo con las bendiciones
espirituales en los lugares celestiales antes de la fundación del
mundo (Ef. 1:3-6). En la eternidad pasada Dios nos bendijo antes
que fuésemos creados. Antes que fuésemos creados, Él nos bendijo con dos cosas.

En la eternidad pasada Dios nos escogió a fin de que fuésemos
santos, es decir, santificados para Él con Su santa naturaleza (v. 4).
En la eternidad pasada Dios nos escogió para que tuviésemos Su
naturaleza, lo cual indica que Él quería ser uno con nosotros, es
decir, que Su naturaleza llegara a ser nuestra naturaleza. Con esta
naturaleza somos santificados, apartados para Dios. Él es santo
en naturaleza, y nosotros estamos siendo hechos lo mismo que Él en
naturaleza (He. 2:11; 2 P. 1:4).

En la eternidad pasada Dios nos predestinó, marcándonos, para filiación, y de ese modo nos hizo hijos para Sí mismo con Su vida divina (Ef. 1:5a). Por ende, en la eternidad pasada Dios nos bendijo con dos cosas: con Su naturaleza y con Su vida divina. Ésta es la mejor bendición que nos fue dada en la eternidad pasada antes que naciéramos.

Dios nos bendijo en la eternidad pasada con bendiciones espirituales en los lugares celestiales según el beneplácito de Su voluntad (v. 5b) para la alabanza de la gloria de Su gracia, con la cual nos agració en Cristo, Su Amado (v. 6).

Ésta es la historia de Dios en la eternidad pasada y nos incluye a nosotros. En la eternidad pasada, Dios hizo una economía a fin de producir la iglesia para Su manifestación y a fin de hacer que en Cristo fuesen reunidas bajo una cabeza todas las cosas, incluyéndonos a nosotros. También celebró un concilio para determinar que el segundo de la Trinidad Divina debía venir para morir por nosotros a fin de llevar a cabo Su economía. Luego en la eternidad pasada Él nos escogió para que tuviéramos Su naturaleza y Su vida divina a fin de que fuésemos santos como Él e hijos Suyos, quienes le expresarían. Ésta es la historia de Dios en la eternidad pasada, y esta historia es la nuestra. (*La historia de Dios en Su unión con el hombre*, págs. 18-19)

Antes de Su encarnación, Dios sólo llevó a cabo Su mover con los hombres y entre ellos en el Antiguo Testamento ... Pero eso no fue el mover directo de Dios por el cual Él lleva a cabo Su economía eterna a favor de Cristo y la iglesia.

El mover de Dios con los hombres y entre ellos fue sólo el mover indirecto en Su vieja creación como preparación al mover directo de Dios en Su nueva creación con miras a Su economía eterna. Por esto la iglesia no se menciona en el Antiguo Testamento. La iglesia era un misterio escondido ... La economía de Dios en el Nuevo Testamento es única. En el Antiguo Testamento, uno no puede ver el mover directo de Dios con miras a Su economía eterna. Dios hizo muchas cosas indirectamente para la preparación del día en que Él vendría para hacer la obra directa ... el Antiguo Testamento preparó el mover directo de Dios en el hombre en el Nuevo Testamento. (*El mover de Dios en el hombre*, págs 10-12)

Lectura adicional: La historia de Dios en Su unión con el hombre, cap. 1; El mover de Dios en el hombre, cap. 1

Iluminación e inspiración:_____
_____

Alimento matutino

Os. Con cuerdas de hombre los atraje, con lazos de amor;
11:4 y fui para ellos como los que alzan el yugo de sobre
sus quijadas, y con ternura Yo les daba de comer.

Mt. Y les dijo: Venid en pos de Mí, y os haré pescadores de
4:19-20 hombres. Y ellos, dejando al instante las redes, le
siguieron.

¿Dónde encontramos la historia de Dios? La historia de Dios, la historia divina, consta en la Biblia. La historia de Dios se compone de dos partes: la historia de Dios *con* el hombre, la cual se halla en el Antiguo Testamento, y la historia de Dios *en* el hombre, la cual se halla en el Nuevo Testamento. En el Antiguo Testamento, la historia de Dios era la historia con el hombre. En el Nuevo Testamento la historia de Dios es la historia de Dios en el hombre, pues esta historia incluye el hecho de que Dios es uno con el hombre. Por tanto, la historia de Dios en el Nuevo Testamento es la historia divina en la humanidad. (*Life-study of Joel*, pág. 38)

Lectura para hoy

La expresión *con cuerdas de hombre los atraje, con lazos de amor* [en Oseas 11:4] indica que Dios nos ama con Su amor divino no en el nivel correspondiente a la divinidad, sino en el nivel correspondiente a la humanidad. El amor de Dios es divino, pero llega hasta nosotros mediante cuerdas de hombre, esto es, mediante la humanidad de Cristo. Las cuerdas mediante las cuales Dios nos atrae incluyen la encarnación de Cristo, Su vivir humano, Su crucifixión, Su resurrección y Su ascensión. Es por medio de todos estos pasos dados por Cristo en Su humanidad que el amor de Dios manifestado en Su salvación llega hasta nosotros (Ro. 5:8; 1 Jn. 4:9-10). (Os. 11:4, nota 1)

Cristo, en Su ministerio completo en la primera etapa, la encarnación, introdujo al Dios infinito en el hombre finito ... Éste es nuestro idioma nuevo. Dios es infinito, y nosotros los seres humanos somos finitos.

Cristo en Su ministerio completo en la primera etapa, la encarnación, también unió y mezcló al Dios Triuno con el hombre tripartito. El Dios Triuno es misterioso, y el hombre tripartito es difícil de entender ... Conforme al nuevo idioma de la nueva cultura en la esfera divina y mística, debemos decir que Cristo unió y mezcló al Dios Triuno con el hombre tripartito. En cuanto al Dios Triuno, el Padre es la fuente, el Hijo es la expresión, y el Espíritu es el que entra. En cuanto al hombre tripartito, el espíritu es la parte más profunda, el alma está en medio, y el cuerpo está afuera.

Cristo, en Su ministerio completo en la primera etapa, la encarnación, también expresó en Su humanidad al Dios inmensurable en Sus ricos atributos mediante Sus virtudes aromáticas. Nadie puede negar que las virtudes humanas de Cristo eran aromáticas; incluso cuando los incrédulos leen los cuatro Evangelios, perciben que el Jesús descrito en estos libros era Aquel que emanaba un dulce aroma, cuyas virtudes eran aromáticas. Esto se debe a que Él expresó en Su humanidad al Dios inmensurable en Sus ricos atributos.

Nuestro Dios tiene Sus atributos, y Sus atributos son ricos, porque Él es grandioso e inmensurable. Él es amor, luz, santidad y justicia. Estos ricos atributos fueron expresados por el Señor Jesús en Su humanidad para llegar a ser las virtudes aromáticas de Su humanidad.

Además, Cristo en Su humanidad expresó a Dios por medio de Sus virtudes aromáticas, por las cuales atraía y cautivaba a las personas. [En Mateo 4:18-22] ... los discípulos lo dejaron todo para seguirle. Verdaderamente creo que en aquel entonces el Señor debe de haber exhibido un poder aromático en Su semblanza y en Su voz que realmente atraía y cautivaba a las personas.

Cristo expresaba Sus virtudes aromáticas por las cuales atraía y cautivaba a las personas, no al vivir por Su vida humana en la carne sino por Su vida divina en la resurrección. Él estaba en la carne, pero no vivía por Su vida humana en Su carne; más bien, vivía por Su vida divina en resurrección. Hoy nosotros como Dios-hombres ... podemos salir de la esfera de la carne y entrar en la resurrección para vivir por la vida divina en resurrección, es decir, en la esfera divina y mística. (*Cómo ser un colaborador y un anciano y cómo cumplir con sus deberes,* págs. 15-20)

Lectura adicional: Life-study of Joel, mensaje 7

*Iluminación e inspiración:*_____

_____

Alimento matutino

Jn. El siguiente día vio Juan a Jesús que venía a él, y dijo:
1:29 ¡He aquí el Cordero de Dios, que quita el pecado del
mundo!

Ef. Aboliendo en Su carne la ley de los mandamientos
2:15 *expresados* en ordenanzas, para crear en Sí mismo de
los dos un solo y nuevo hombre, haciendo la paz.

La redención jurídica efectuada por Cristo, una redención que
es todo-inclusiva, tiene cinco aspectos. Primero, Él puso fin a todo
lo que pertenece a la vieja creación. En segundo lugar, redimió
todas las cosas creadas por Dios que cayeron en pecado (He. 2:9;
Col. 1:20) ... En tercer lugar, creó (concibió) al nuevo hombre con
Su elemento divino. Efesios 2:15 dice que en la cruz creó en
Sí mismo de los creyentes, los judíos y los gentiles, un solo y
nuevo hombre. Esa creación fue una concepción ... Cristo creó
(concibió) al nuevo hombre en Sí mismo, lo cual indica que Él era
el elemento mismo con el cual se concibió el nuevo hombre. Él
concibió en Sí mismo como elemento un solo y nuevo hombre
a partir de los dos pueblos. Mientras el Señor Jesús moría en la
cruz, creaba al nuevo hombre. (*Cómo ser un colaborador y un
anciano y cómo cumplir con sus deberes,* pág. 21)

Lectura para hoy

En cuarto lugar, cuando Cristo efectuó dicha redención, liberó
Su vida divina desde el interior de la cáscara de Su humanidad ... A menos que el grano de trigo caiga en la tierra y muera, su
cáscara no se quebrará y la vida que está en él no se liberará [Jn.
12:24]. Cristo tenía la vida divina, aunque estaba escondida en
la cáscara de Su humanidad. Por tanto, Él necesitaba sufrir la
muerte en la cruz para que la cáscara de Su humanidad fuera que-
brada a fin de liberar de Su cáscara humana la vida divina.

En quinto lugar, al efectuar Su muerte jurídica todo-inclusiva,
Cristo también puso el cimiento para la salvación orgánica y estableció el procedimiento para cumplir Su ministerio en la etapa de
inclusión. La redención jurídica de Cristo es el cimiento [y el proce-
dimiento] de la salvación orgánica. (*Cómo ser un colaborador y un
anciano y cómo cumplir con sus deberes,* págs. 21-22)

Al final de Su vida y ministerio en la tierra, el Señor Jesús fue a la cruz voluntariamente. Su crucifixión fue una muerte vicaria y todo-inclusiva que puso fin a la vieja creación y resolvió todos los problemas. Su muerte lo introdujo en resurrección. Por un lado, en Su resurrección Él fue engendrado como Hijo primogénito de Dios (Hch. 13:33; Ro. 1:4; 8:29); por otro, en Su resurrección y a través de Su resurrección, Él llegó a ser el Espíritu vivificante (1 Co. 15:45).

Además, mediante la resurrección de Cristo millones de personas fueron engendradas, regeneradas, por Dios (1 P. 1:3) haciendo de ellas hijos de Dios y miembros del Cuerpo de Cristo, la iglesia. El Cristo que se encarnó, fue crucificado y resucitó, este Cristo que ascendió a los cielos y descendió como Espíritu, ha producido la iglesia como expresión corporativa del Dios Triuno … Por tanto, la iglesia también forma parte de la historia divina, la historia intrínseca del misterio divino escondido en la historia humana que es visible y externa. Esta parte de la historia de Dios ha durado más de mil novecientos años y continúa siendo llevada a cabo.

Al final de esta parte de la historia divina, Cristo regresará, descendiendo con Sus vencedores, Su ejército (Jl. 3:11), a fin de derrotar al anticristo y su ejército. Allí se encontrarán dos figuras: el anticristo, una figura de la historia humana externa, y Cristo con Sus vencedores, la Figura de la historia divina intrínseca. La Figura de la historia divina derrotará a la figura de la historia humana, y luego la arrojará al lago de fuego (Ap. 19:20). Después de esto vendrá el reino de mil años. Finalmente, este reino llegará a su consumación en la Nueva Jerusalén en el cielo nuevo y la tierra nueva. La Nueva Jerusalén será el último paso, el paso consumado, de la historia de Dios.

Es preciso que tengamos una perspectiva clara de estas dos historias: la historia humana física y la historia divina misteriosa … La historia del hombre, la historia del mundo, es externa; mientras que la historia divina, la historia de Dios en la humanidad y con la humanidad, es interna. Esta historia se relaciona intrínsecamente con el misterio divino del Dios Triuno en la humanidad. (*Life-study of Joel*, págs. 34-36)

Lectura adicional: Cómo ser un colaborador y un anciano y cómo cumplir con sus deberes, cap. 1

*Iluminación e inspiración:*_____

_____

Alimento matutino

Ap. ...Su nombre es la Palabra de Dios. Y los ejércitos de
19:13-15 los cielos, vestidos de lino finísimo, blanco y limpio, le
seguían en caballos blancos. De Su boca sale una
espada aguda, para herir con ella a las naciones...
2 Ts. Y entonces será revelado aquel inicuo, a quien el
2:8 Señor Jesús matará con el aliento de Su boca, y destruirá con la manifestación de Su venida.

En Efesios 5 y 6 vemos a la iglesia como novia y como guerrero; estos dos aspectos de la iglesia también se hallan en Apocalipsis 19 ... Como novia, debemos ser hermosos, sin mancha y sin
arrugas, y vestirnos de lino finísimo; y como guerrero, debemos
ser equipados para combatir contra el enemigo de Dios. (*Estudio-
vida de Efesios,* pág. 821)

Cuando Cristo venga en calidad de piedra que desmenuza, Él
no vendrá solo, sino que vendrá con Sus vencedores, Su novia, Su
aumento, quienes constituirán Su ejército (Jn. 3:29-30; Ap. 17:14;
19:7-8, 11, 14). Durante la era de la iglesia, la era de misterio,
Cristo edifica Su iglesia para que sea Su novia (Ef. 5:25-29).
Antes de descender a la tierra, Cristo celebrará una boda, en la
que se casará con los vencedores (Ap. 19:7-9), aquellos que han
estado combatiendo contra el enemigo de Dios por años y que ya
vencieron al maligno (cfr. Ap. 12:11). Después de Su boda, Cristo,
el Marido, vendrá junto con Su novia recién desposada a destruir
al anticristo, quien junto con su propio ejército combatirá directamente contra Dios (Ap. 17:14; 19:19). (Dn. 2:34, nota 1)

Lectura para hoy

Según Apocalipsis 19, la iglesia es tanto la novia que es presentada a Cristo como el guerrero que combate junto con Él contra el
enemigo de Dios. Cuando el Señor Jesús regrese, primero se reu-
nirá con Su novia. Después de recibir a la novia, Cristo y los vencedores librarán la batalla contra el enemigo. Según Apocalipsis
19:11, el Señor montará un caballo blanco y los ejércitos que están
en los cielos, vestidos de lino finísimo, blanco y limpio, lo seguirán en
caballos blancos (v. 14). Apocalipsis 17:14, también hace alusión a
esto: "Harán guerra contra el Cordero, y el Cordero los vencerá,

porque Él es Señor de señores y Rey de reyes; y los que están con Él, los llamados y escogidos y fieles, también vencerán".

En Apocalipsis 19:7 y 8 vemos que la novia está vestida "de lino fino, resplandeciente y limpio". En el versículo 14 vemos que los ejércitos que siguen al Señor en la batalla están "vestidos de lino finísimo, blanco y limpio". Estos versículos muestran que el traje de bodas de la novia será también el uniforme que ella llevará como ejército de Dios para combatir contra el enemigo. Por consiguiente, cuando uno tiene el vestido de bodas también tiene el uniforme.

Como guerrero de Dios, la iglesia no pelea valiéndose de sus propias fuerzas. Efesios 6:10 dice: "...Fortaleceos en el Señor, y en el poder de Su fuerza" ... [esto indica] claramente que no debemos pelear usando nuestras propias fuerzas; antes bien, debemos ser fortalecidos en el Señor y en el poder de Su fuerza. La palabra griega traducida "fortaleceos" tiene la misma raíz que la palabra *poder* en 1:19. Para hacer frente al enemigo de Dios, para pelear contra las fuerzas malignas de las tinieblas, necesitamos ser fortalecidos con la grandeza del poder que levantó a Cristo de los muertos y lo sentó en los lugares celestiales, muy por encima de todos los espíritus malignos del aire. En la guerra espiritual contra Satanás y su reino maligno, podemos combatir únicamente en el Señor, y no en nosotros mismos. Cada vez que estamos en nosotros mismos, somos vencidos.

Cuando oramos en el espíritu, aplicamos al Cristo que es toda la armadura de Dios. Mientras tomamos la palabra orando en el espíritu, tocamos espontáneamente al Cristo que es el Espíritu vivificante. Inmediatamente, nuestra oración y nuestra lectura llegan a ser vivientes, y somos fortalecidos y cubiertos con Cristo como nuestra armadura. Además, tenemos la sensación de que estamos en el Cuerpo y que Cristo, con todo lo que Él es y tiene, es nuestra porción. Es así como lo aplicamos a Él como toda la armadura.

Cuando estamos en el Cuerpo, en realidad no llevamos a cabo la guerra espiritual; simplemente la disfrutamos. En lugar de ser un esfuerzo, la batalla se convierte en un deleite. (*Estudio-vida de Efesios,* págs. 820-822, 824)

Lectura adicional: Estudio-vida de Efesios, mensaje 95

Iluminación e inspiración:_____

_____

Alimento matutino

Ez. También os daré un corazón nuevo, y pondré un espí-
36:26 ritu nuevo dentro de vosotros; y quitaré de vuestra
carne el corazón de piedra y os daré un corazón de
carne.

Ef. Y recibid ... la espada del Espíritu, el cual es la palabra
6:17-18 de Dios; con toda oración y petición orando en todo
tiempo en el espíritu, y para ello velando con toda perseverancia y petición por todos los santos.

Todos nosotros nacimos en la historia humana, pero renacimos,
fuimos regenerados, en la historia divina. Ahora debemos plantearnos esta pregunta: ¿Vivimos en la historia divina o simplemente vivimos en la historia humana? Si nuestro vivir transcurre en el mundo,
vivimos en la historia humana. Pero si vivimos en la iglesia, vivimos
en la historia divina. En la vida de iglesia la historia de Dios es nuestra historia. Ahora dos personas —Dios y nosotros— comparten una
misma historia, la historia divina. Esto es la vida de iglesia.

En relación con la historia divina tenemos la nueva creación: el
nuevo hombre con un nuevo corazón, un nuevo espíritu, una nueva
vida, una nueva naturaleza, una nueva historia y una nueva consumación. Alabamos al Señor porque estamos en la historia divina
experimentando y disfrutando las cosas divinas y misteriosas.
(*Life-study of Joel*, pág. 36)

Lectura para hoy

Debemos recibir la palabra de Dios con toda oración y petición. Según Efesios 6:17 y 18, hemos de recibir la palabra con
toda oración. Estos versículos indican que podemos recibir la
palabra al orar-leer, es decir, al orar con las palabras de la Escri-
tura y con respecto a ellas, usando las palabras de la Biblia como
la misma oración que ofrecemos a Dios.

Al orar-leer ingerimos la palabra de Dios. Generalmente
cuando hablamos de ingerir la palabra de Dios, consideramos la
palabra como nuestro sustento. Sin embargo, Efesios 6 no pone
énfasis en la palabra que nutre, sino en la palabra que aniquila.
La función de la palabra que alimenta es edificarnos; mientras
que el objetivo de la palabra que aniquila es hacerle frente al enemigo. Según este contexto, debemos orar-leer la palabra no tanto
para recibir alimento, sino principalmente para experimentar

la espada como instrumento aniquilador. Cuanto más oramos-leemos la palabra, más experimentamos el poder aniquilador contenido en la palabra.

Ya que el yo es el enemigo principal, debemos experimentar el poder aniquilador de la palabra de Dios. Por una parte, cuando oramos-leemos somos nutridos, y por otra, son eliminados ciertos elementos ... Después de pasar un tiempo orando-leyendo la palabra, descubriremos que el adversario que nos atacaba ha desaparecido. Hablando en términos prácticos, él ha sido aniquilado por la palabra que hemos ingerido.

No pensemos que el campo de batalla de la guerra espiritual se encuentra fuera de nosotros; el campo de batalla está dentro de nosotros, especialmente en nuestra mente. Todos los elementos del adversario se encuentran en nuestra mente, y la manera de aniquilarlos es orar-leer la palabra. A medida que oremos-leamos la palabra de Dios, los elementos del adversario que están en nuestra mente serán aniquilados uno por uno. De este modo obtendremos la victoria.

El orar-leer es una manera práctica de aniquilar los elementos negativos que hay en nosotros. Cuanto más tomemos la palabra de Dios con toda oración en el espíritu, más se da muerte a lo negativo que hay en nosotros. Así que, el orar-leer, además de ser un banquete, nos provee la manera de librar la batalla. A medida que oramos-leemos la palabra, se libra en nosotros una batalla en la que son aniquilados los elementos negativos de nuestro ser. Un día, el yo, el peor de todos los enemigos, será aniquilado. Cuando todas las cosas negativas en nosotros son aniquiladas mediante nuestra práctica de orar-leer, el Señor obtiene la victoria. Puesto que Él ha obtenido la victoria, nosotros también somos victoriosos.

En Efesios 5 vemos que la palabra sirve para alimentarnos a fin de embellecer a la novia; pero en Efesios 6 descubrimos que la palabra sirve para aniquilar, lo cual capacita a la iglesia, quien es el guerrero corporativo, para librar la guerra espiritual. Mediante la palabra aniquiladora, el adversario dentro de nosotros es destruido. A veces, ganamos la victoria sobre el enemigo objetivamente, pero somos derrotados por el adversario subjetivamente. Aunque nos regocijamos de que el enemigo externo huya, el adversario que está en nosotros nos sigue molestando ... Aniquilemos el adversario orando-leyendo la palabra. (*Estudio-vida de Efesios,* págs. 823, 825-828)

Lectura adicional: Estudio-vida de Efesios, mensaje 97

*Iluminación e inspiración:*_____

_____

Himnos, #10

1   Oh Padre, eres inmarcesible,
    Nuevo siempre eres Tú,
    Como el rocío siempre estás fresco,
    Siempre viviente, Tú.

    Tú, Padre, eres inmutable,
    No envejeces jamás;
    Se despliega por las edades,
    Tu fresca novedad.

2   Tú eres Dios y Tú eres "nuevo";
    Todo es viejo sin Ti,
    Pero contigo todo es fresco,
    Aunque años pasen mil.

3   Las bendiciones que nos has dado
    Tienen Tu novedad;
    Tu pacto, Tus caminos son nuevos,
    Y siempre así serán.

4   Hoy ya Tu nueva creación somos,
    Un nuevo espíritu;
    A diario el corazón nos renuevas,
    Le impartes vida Tú.

5   La nueva tierra y los nuevos cielos
    Nueva ciudad tendrán;
    Supliendo cada mes nuevos frutos,
    Pues todo es novedad.

6   Oh Padre, Tú eres siempre nuevo,
    Todo nuevo es en Ti;
    Un canto eterno y nuevo cantamos,
    Nueva alabanza a Ti.

*Redacción de una profecía con un tema central e ideas secundarias:*_____

_____

_____

_____

_____

_____

_____

_____

_____

_____

_____

_____

_____

_____

_____

_____

_____

_____

_____

_____

_____

_____

_____

_____

_____

_____

_____

_____

_____

_____

_____

_____

_____

_____

El descenso de los valientes

Lectura bíblica: Jl. 3:11b; Cnt. 3:7-8; 4:8; 6:4, 10; Ef. 6:10-20

Día 1 I. **"¡Haz descender allí a Tus valientes, oh Jehová!" (Jl. 3:11b):**

A. Los valientes son los vencedores de Cristo, quienes retornarán con Cristo como Su ejército para derrotar al anticristo en la batalla de Armagedón y serán Sus co-reyes en el milenio (Ap. 17:14; 19:11-21; 2:26-27; 20:4, 6; Mt. 19:28).

B. Cristo regresará y descenderá junto con Sus vencedores, quienes serán Su ejército, para derrotar al anticristo y su ejército (Jl. 3:11b; 2 Ts. 2:8; Ap. 19:11-21).

II. **Los valientes, los vencedores, entienden la necesidad de la guerra espiritual (Ef. 6:10-13; Ap. 12:1-17; 19:11-21):**

A. La guerra espiritual es necesaria porque la voluntad de Satanás se opone a la voluntad de Dios (Gn. 3:15; Is. 14:12-14; Mt. 6:10; 7:21):

1. La guerra espiritual se origina en el conflicto que existe entre la voluntad divina y la voluntad satánica.

2. Dios quiere que Su criatura, *el hombre,* destruya a Su criatura caída, *Satanás;* esto exige que la voluntad humana sea una con la voluntad divina y pelee para subyugar la voluntad satánica (Gn. 1:26; Mt. 26:39; 12:30; 7:21; Ap. 12:11.)

B. La guerra espiritual tiene como propósito traer el reino de Dios (11:15):

1. La guerra espiritual es aquella que existe entre el reino de Dios y el reino de Satanás (Mt. 12:26, 28).

2. El reino de Dios es el ámbito donde se ejerce la voluntad divina y donde el poder de Satanás es derrocado por el poder de Dios (6:10; 12:28).

3. Es imprescindible que la iglesia, mediante la oración, libere el poder del reino de Dios en la tierra (6:9-10, 13; 18:19; Ap. 8:3-5).

C. La guerra que se libra entre la iglesia y Satanás es una batalla entre nosotros, los que amamos al Señor y estamos en Su iglesia, y las huestes malignas en las regiones celestes (Ef. 6:12):

1. Los principados, las potestades y los gobernadores del mundo de estas tinieblas son los ángeles rebeldes, que siguieron a Satanás en su rebelión contra Dios y que ahora gobiernan en las regiones celestes sobre las naciones del mundo (Col. 1:13; Dn. 10:20).

2. Debemos comprender que nuestra lucha no es contra seres humanos, sino contra los espíritus malignos, las huestes de maldad, en las regiones celestes (Ef. 6:12).

III. **Los valientes, los vencedores, comprenden que la guerra espiritual se basa en la victoria de Cristo (He. 2:14; Col. 2:15; 1 Jn. 3:8):**

A. El punto de partida de la guerra espiritual consiste en mantenernos firmes sobre la victoria de Cristo, en ver que Cristo ya venció (Cnt. 4:8; Ap. 3:21; 5:5-6):

1. El Hijo de Dios se manifestó para destruir las obras del diablo (1 Jn. 3:8).

2. Cristo, en Su encarnación y en Su vivir humano, derrotó a Satanás cuando fue tentado en el desierto (Mt. 4:1-11).

3. Por medio de la muerte, el Señor Jesús destruyó al diablo, quien tiene el imperio de la muerte; Él le puso fin a Satanás, lo redujo a nada (He. 2:14).

4. Dios avergonzó públicamente a los ángeles malignos, triunfando sobre ellos en la cruz de Cristo (Col. 2:15).

5. En el Espíritu como Su divinidad, Cristo proclamó a los espíritus malignos, que estaban en el abismo, la victoria que Él obtuvo sobre Satanás en la cruz (1 P. 3:18-19).

6. El Cristo resucitado tiene las llaves de la muerte y del Hades (Ap. 1:18).

7. En Su ascensión, Cristo condujo un séquito de enemigos vencidos; Él nos rescató del cautiverio de Satanás y nos trajo a Sí mismo (Ef. 4:8).

8. En la administración universal de Dios, Cristo, el León de la tribu de Judá, es el Vencedor y el Soberano de los reyes de la tierra (Ap. 5:5-6; 1:5).

B. La obra de la iglesia en la tierra consiste en mantener la victoria de Cristo; el Señor ya ganó la batalla, y la iglesia está aquí para mantener Su victoria (Ef. 6:11, 13).

Día 3 IV. **Los valientes, los vencedores, son fortalecidos "en el Señor, y en el poder de Su fuerza" (v. 10):**

A. Para pelear contra el enemigo de Dios, necesitamos ser fortalecidos con la supereminente grandeza del poder que levantó a Cristo de entre los muertos y lo sentó en los lugares celestiales, muy por encima de los espíritus malignos del aire (1:19-21; 3:16).

B. Nuestra necesidad de ser así fortalecidos indica que no podemos pelear la batalla espiritual por nosotros mismos ni con nuestra propia fuerza, sino únicamente en el Señor y en el poder de Su fuerza (6:10).

V. **Los valientes, los vencedores, conquistan el caos satánico de la vieja creación y llevan a cabo la economía divina para la nueva creación (1 Ti. 1:4; Ef. 1:10; 3:10; 2 Co. 5:17; Gá. 6:15):**

A. Los vencedores conquistan el caos destructivo de Satanás y triunfan en la economía constructiva de Dios (1 Ti. 1:4).

B. En vez de ser rescatados del caos presente, los valientes conquistan el caos mediante el Dios Triuno procesado y consumado, quien es la gracia todo-suficiente (2 Ti. 1:9, 15; 2:1, 17-18; 4:22).

VI. **Los valientes, los vencedores, son victoriosos sobre el ataque de la muerte (Ap. 2:8-11; Mt. 16:18; He. 2:14-15; 2 Co. 1:9; Fil. 3:10-11):**

A. Mateo 16:18 nos muestra la fuente de donde provendrá el ataque a la iglesia: "las puertas del Hades", o sea, la muerte:

1. El objetivo especial de Satanás hoy es propagar la muerte dentro de la iglesia.

2. El mayor temor que Satanás tiene con respecto a la iglesia es que ella resista su imperio de muerte y que esté en resurrección (1 P. 1:3; Ef. 2:6).

B. A los que venzan el ataque de la muerte, Cristo les dará la corona de la vida, la cual denota la fuerza vencedora que es el poder de la vida de resurrección (Ap. 2:10b; Fil. 3:10).

Día 4 VII. **Los valientes, los vencedores, son la victoria del Cristo vencedor (Cnt. 3:7-8):**

A. La litera mencionada en el versículo 7 sirve para tener reposo y victoria en la noche, que representa la era de la iglesia, durante el tiempo de guerra espiritual, representado por los sesenta hombres valientes que rodean la litera.

B. La que ama a Cristo está entre esos sesenta valientes, lo cual indica que ella es uno de los vencedores principales, que combate por Cristo a fin de que Él pueda reposar durante la batalla.

C. La que ama a Cristo es la victoria del Cristo vencedor, llena del poder de los vencedores entre los elegidos de Dios que portan a Cristo incluso durante tiempos de dificultades (v. 7).

D. Los vencedores son expertos en la guerra, los cuales combaten con sus armas en el tiempo de las alarmas (v. 8; 2 Co. 10:3-5; Ef. 6:10-12; 1 Ti. 1:18; 2 Ti. 4:7).

E. "Tu cuello es como la torre de David, / edificada para armería: / mil broqueles están colgados en ella, / todos escudos de hombres valientes" (Cnt. 4:4):

1. El cuello simboliza la voluntad humana que está sujeta a Dios; la que ama a Cristo es hermosa al tener una voluntad sumisa a Cristo (cuello como la torre de David) y rica en poder defensivo (los broqueles y los escudos de valientes).

2. Después que nuestra voluntad haya sido subyugada, ésta será fuerte en resurrección y será semejante a la torre de David, la armería destinada a la guerra espiritual; las armas que se usan en la guerra espiritual son guardadas en nuestra voluntad que ha sido subyugada y resucitada (Ef. 6:10; 2 Co. 10:3-5).

Día 5 VIII. **Los valientes, los vencedores, son tan "hermosos como Tirsa, / bellos como Jerusalén, / terribles como ejército con estandartes" (Cnt. 6:4, 10):**

A. Cuando la vencedora que ama a Cristo llega a ser uno con Dios para ser la morada de Dios, a los ojos de Dios ella es hermosa como Tirsa y bella como Jerusalén; sin embargo, para el enemigo, ella es terrible como ejército con estandartes (vs. 4, 10).

B. La edificación de Dios es siempre un ejército; cuando llegamos a ser una ciudad para el Señor, somos un ejército para el enemigo (vs. 4, 10):

1. Nunca podemos separar la edificación de la batalla espiritual, pues dondequiera que la edificación se esté llevando a cabo, allí se libra la batalla (Neh. 4).

2. La lucha siempre acompaña a la edificación, y la edificación siempre nos lleva a la victoria en la batalla (Mt. 16:18-19).

C. El terrible ejército implica que los valientes, los vencedores del Señor, aterrorizan al enemigo de Dios, Satanás (Cnt. 6:4, 10):

1. Satanás sólo teme a una clase de personas: aquellas que no aman la vida de su alma (Ap. 12:11; Mt. 16:25-26).

2. El enemigo le tiene pavor a la iglesia que ha sido edificada como la ciudad de Dios (Neh. 6:15-16; Sal. 102:12-16).

3. Los demonios y los ángeles malignos le tienen pavor al nuevo hombre que Cristo creó en la cruz (Ef. 2:15-16; Col. 2:14-15).

Día 6

4. Satanás no teme a los creyentes que son individualistas, aunque haya miles de ellos, pero sí le tiene pavor a la iglesia, el Cuerpo de Cristo, el guerrero corporativo que pelea contra él y su reino (Ef. 6:10-20).

IX. **Los valientes, los vencedores, pelean la batalla en el Cuerpo (vs. 10-20):**

A. La guerra espiritual no tiene que ver con individuos, sino con el Cuerpo, el nuevo hombre (1:22-23; 4:24; 6:13).

B. Toda la armadura de Dios es para el Cuerpo, no para individuos; solamente el guerrero corporativo puede vestirse de toda la armadura de Dios (vs. 13-17).

C. La iglesia es un guerrero corporativo, y los creyentes juntos conforman este guerrero corporativo; una vez que hayamos sido formados corporativamente como un ejército, podremos pelear contra el enemigo de Dios (Nm. 36:13; Dt. 1:21; Jos. 1:2-3).

Alimento matutino

Jl.   **Apresuraos y venid, naciones todas de alrededor, y**
3:11 **congregaos. ¡Haz descender allí a Tus valientes, oh**
      Jehová!

Ef.   **Porque no tenemos lucha contra sangre y carne, sino**
6:12 **contra principados, contra autoridades, contra los**
      gobernadores del mundo de estas tinieblas, contra
      huestes **espirituales de maldad en las regiones celes-**
      tes.

[Los valientes] son los vencedores de Cristo, quienes, como
ejército de Cristo, retornarán con Él para derrotar al anticristo en
la batalla de Armagedón (Ap. 17:14; 19:11-21) y serán Sus co-reyes
en el milenio (Mt. 19:28; Ap. 2:26-27; 20:4, 6). (Jl. 3:11, nota 1)

Los ejércitos [en Apocalipsis 19:14] son los creyentes llamados
y escogidos en 17:14 y los que son invitados a la cena de las bodas
del Cordero en el versículo 9, es decir, los que constituyen la novia
de Cristo. (Ap. 19:14, nota 1)

Después de la cena de bodas, Cristo, como General comba-
tiente, vendrá con Su novia (los creyentes vencedores invitados a
la cena de bodas) como Su ejército, a fin de combatir contra el anticristo y los reyes que le sigan, con sus ejércitos, en Armagedón.
(Ap. 19:11, nota 1)

Lectura para hoy

Además de la intención de Dios, la voluntad de Dios, hay una
segunda intención, una segunda voluntad, pues ahora la voluntad
satánica se opone a la voluntad divina. Toda batalla tiene su origen
en este conflicto de voluntades. La guerra no existía en el universo
antes que la voluntad satánica se levantara en contra de la voluntad divina. La controversia que impera en el universo comenzó
cuando el arcángel se rebeló en contra de Dios. Esa rebelión marcó
el comienzo de toda lucha que ahora se libra entre naciones, en la
sociedad, en la familia y en individuos. En el transcurso de la historia han habido guerras entre naciones, grupos, personas e incluso
dentro del individuo mismo. (*Estudio-vida de Efesios,* pág. 533)

Algunos preguntarán: "¿Por qué Dios mismo no echa a Satanás
al abismo o al lago de fuego? Nuestra respuesta es la siguiente:
Dios puede hacerlo, pero no quiere hacerlo Él mismo. No sabemos

por qué no lo quiere hacer Él mismo, pero sí sabemos cómo lo va a hacer. Dios desea usar al hombre para vencer a Su enemigo, y creó al hombre con este propósito. Dios quiere que la criatura se enfrente con la criatura. Él desea que una de Sus criaturas, *el hombre*, sea quien sojuzgue a Su criatura caída, a *Satanás*, para que la tierra vuelva a estar bajo el dominio de Dios. (Watchman Nee, *La iglesia gloriosa*, pág. 10)

La razón por la cual debemos conocer el Cuerpo, conocer la ascensión y reinar es que libremos la lucha espiritual ... El propósito de la lucha espiritual es introducir el reino de Dios. Éste es un tema que reviste gran importancia en la Biblia.

El período en que vivimos es propicio para que el pueblo de Dios luche por Él aquí en la tierra. Desde el tiempo en que el Señor Jesús comenzó Su ministerio hasta que Él venga por segunda vez, todas las obras que el pueblo de Dios hace para Él son ejemplos de la lucha espiritual. El deseo de Dios es rescatar, a través de aquellos que le pertenecen, a todos aquellos que fueron cautivos por Satanás, y recobrar la tierra que fue usurpada por éste. De acuerdo con lo que el Señor nos enseñó en Mateo 12, este rescate y recobro de la tierra es la lucha que se libra entre el reino de Dios y el reino de Satanás ... Ya que hay una lucha entre el reino de Dios y el de Satanás, toda la obra espiritual que hacemos para Dios, cualquiera que sea, si toca los asuntos de la esfera espiritual, es por naturaleza una batalla. (*La experiencia de vida*, págs. 380, 387)

La Biblia dice que tenemos que arrepentirnos por causa del reino (Mt. 4:17). El reino de Dios es en realidad el ejercicio de la voluntad divina. Cuando los pecadores se arrepienten por causa del reino de Dios, ellos se vuelven del lado de Satanás al lado de Dios, el cual es el reino de Dios, la voluntad de Dios. (*Estudio-vida de Efesios*, pág. 535)

Aunque el propósito de Dios consiste en traer Su reino, Su obrar por sí solo no es suficiente. Él necesita que la iglesia obre con Él. Mediante la oración, la iglesia debe liberar el poder del reino de Dios sobre la tierra. Cuando venga el Señor, el reinado sobre el mundo pasará a nuestro Señor y a Su Cristo (Ap. 11:15). (*La iglesia gloriosa*, pág. 66)

Lectura adicional: Life-study of Joel, mensajes 2-3; La experiencia de vida, cap. 18

Iluminación e inspiración: _____

Alimento matutino

He. Así que, por cuanto los hijos son participantes de san-
2:14 gre y carne, de igual manera Él participó también de
lo mismo, para destruir por medio de la muerte al que
tiene el imperio de la muerte, esto es, al diablo.

Col. Despojándose de los principados y de las autorida-
2:15 des, Él los exhibió públicamente, triunfando sobre
ellos en la cruz.

Debemos recordar una y otra vez que nuestra lucha no es contra
seres humanos, sino contra espíritus malignos, contra los poderes
espirituales en las regiones celestes. Los ángeles rebeldes son los
espíritus malignos del reino de Satanás. Por tanto, la lucha que se
libra entre la iglesia y Satanás es una batalla entre nosotros los que
amamos al Señor y estamos en Su iglesia y los poderes malignos
en las regiones celestes. Aparentemente son las personas de carne
y sangre las que dañan a la iglesia, pero en realidad son Satanás y
sus ángeles malignos los que trabajan detrás de los que causan el
daño. Por tanto, debemos luchar contra esas huestes espirituales.
(*Estudio-vida de Efesios,* pág. 540)

El punto de partida de la guerra espiritual consiste en mantenernos firmes sobre la victoria de Cristo; es ver que Cristo ya venció. No se trata de hacerle algo a Satanás, sino de confiar en el
Señor. No se trata de esperar que ganemos la victoria, porque la
victoria ya fue ganada. El diablo no puede hacer nada. (Watchman
Nee, *La iglesia gloriosa,* pág. 63)

Lectura para hoy

"Hermón" [en El Cantar de los Cantares 4:8] significa des-
trucción, lo cual se refiere a la victoria de Cristo en la cruz. Él es el
Hijo de Dios que se manifestó para destruir todas las obras del
diablo (1 Jn. 3:8b). Podemos prevalecer en toda batalla y hacer-
nos cargo de todos los asuntos terrenales desde la cima de la victoria. (Watchman Nee, *El Cantar de los cantares,* pág. 68)

En la plenitud del tiempo el Hijo de Dios vino y se hizo carne
(Jn. 1:14; Ro. 8:3) al nacer de una virgen (Gá. 4:4), para destruir al
diablo en la carne del hombre por medio de Su muerte en la carne
sobre la cruz … Esto fue abolir a Satanás, reducirlo a nada. ¡Aleluya, Satanás ha sido abolido y eliminado! (He. 2:14, nota 1)

En la cruz ... [el Espíritu del Señor, Su divinidad] fue avivado, vivificado, con un nuevo poder de vida, de tal modo que en este Espíritu fortalecido, en Su divinidad, Cristo hizo una proclamación ante los ángeles caídos después de Su muerte en la carne y antes de Su resurrección. (1 P. 3:18, nota 3)

[En esta proclamación] no predicó las buenas nuevas, sino que proclamó la victoria que Dios obtuvo, es decir, proclamó que por la muerte de Cristo en la cruz Dios destruyó a Satanás y su poder de tinieblas (He. 2:14; Col. 2:15) (1 P. 3:19, nota 2)

Por causa de la caída y del pecado del hombre, la muerte entró y ahora opera en la tierra para llevar a todos los pecadores al Hades. Así que, la muerte es la que recoge y el Hades es el que guarda. Sin embargo, las llaves de la muerte y del Hades están en la mano de nuestro Salvador, quien murió y resucitó. (Ap. 1:18, nota 2)

Los que [en Efesios 4:8] se refiere a los santos redimidos, quienes fueron hechos cautivos por Satanás antes de ser salvos por la muerte y resurrección de Cristo. En Su ascensión Cristo los llevó cautivos; esto es, Él los rescató de la cautividad de Satanás y los tomó para Sí mismo. Esto indica que Él conquistó y venció a Satanás, quien los había capturado por medio del pecado y la muerte. (Ef. 4:8, nota 2)

En el capítulo 4 [de Apocalipsis] se describe una escena celestial, cuyo centro es el trono de Dios, en el cual Dios se sienta listo para ejercer Su administración universal con miras al cumplimiento de Su propósito eterno ... En el capítulo 5 se describe la misma escena celestial después de la ascensión de Cristo ... Como León, Él lucha contra el enemigo; como Cordero, nos redime. Él combatió para redimirnos y ganó la batalla sobre el enemigo así como efectuó la redención para nosotros. Para el enemigo, Él es un León; para nosotros, Él es un Cordero. (Ap. 5:6, nota 1)

La guerra espiritual es defensiva; no es ofensiva porque el Señor Jesús ya peleó la batalla y ganó la victoria. La obra de la iglesia en la tierra consiste simplemente en mantener la victoria del Señor. El Señor ya ganó la batalla, y la iglesia está aquí para mantener Su victoria. (*La iglesia gloriosa*, pág. 63)

Lectura adicional: La iglesia gloriosa, caps. 3-4; *Lessons on Prayer*, cap. 18

Iluminación e inspiración:_____
_____

Alimento matutino

Ef. **Por lo demás, fortaleceos en el Señor, y en el poder de**
6:10 **Su fuerza.**
Mt. **Y Yo también te digo, que tú eres Pedro, y sobre esta**
16:18 **roca edificaré Mi iglesia; y las puertas del Hades no**
prevalecerán contra ella.

[En Efesios 6:10 la palabra griega traducida "poder"] tiene la misma raíz que la palabra *poder* hallada en 1:19. Para hacer frente al enemigo de Dios, para combatir contra las fuerzas malignas de las tinieblas, necesitamos ser fortalecidos con la grandeza del poder que levantó a Cristo de entre los muertos y lo sentó en los cielos, muy por encima de todos los espíritus malignos del aire. (Ef. 6:10, nota 2)

En la batalla espiritual contra Satanás y su reino maligno, únicamente podemos combatir en el Señor y no en nosotros mismos. Cada vez que estamos en nosotros mismos, somos vencidos. (Ef. 6:10, nota 3)

Lectura para hoy

No debemos pensar que todos los que están en las iglesias en el recobro son vencedores. Pero el hecho de estar en las iglesias en el recobro nos fortalecerá y nos ayudará a madurar a fin de que seamos vencedores. El recobro es la manera en que el Señor nos ayuda a ser vencedores ... A fin de ser vencedores, tenemos que vencer todo el caos destructivo y triunfar en la única economía constructiva ... Los vencedores son aquellos que pasan por el caos, pero no se desalientan ni se desaniman. Al contrario, son fortalecidos y capacitados para estar en pro de la economía divina y expresarla en su vivir. Por todas partes el caos satánico sigue dándose en la cristiandad. Aun en el recobro del Señor hemos experimentado este caos ... Todos nosotros tenemos que vencer este caos destructivo. Si somos capacitados por el Señor para vencer el caos destructivo, entraremos triunfalmente en el reino; seremos aquellos que triunfan en la economía constructiva única.

En 1 Corintios 15:10 Pablo dijo que la gracia del Señor estaba con él; en Gálatas 6:18 él dijo que la gracia del Señor Jesucristo está con nuestro espíritu; y en 2 Timoteo 4:22 declaró que el Señor está con nuestro espíritu. El Señor como gracia todosuficiente está con nuestro espíritu, y nosotros podemos vencer todo el caos satánico y llevar a cabo la única economía divina por medio de Él, quien es nuestra gracia todo-suficiente. (*El caos satánico en la vieja creación y la economía divina para la nueva creación*, págs. 79-80)

Cristo como resurrección fue probado por la muerte y venció la muerte, y Cristo como vida permanece inmutable y perdura para siempre. Esto lo indican las palabras de Pablo en 2 Timoteo 1:10b, donde dice: "Nuestro Salvador Cristo Jesús ... anuló la muerte y sacó a luz la vida y la incorrupción por medio del evangelio".

El Señor Jesús no sólo es la vida, sino también la resurrección. La vida en sí misma sólo puede existir, pero la resurrección puede resistir cualquier clase de ataque, incluso el ataque de la muerte. La muerte no puede retener al Señor porque Él puede conquistar la muerte (Hch. 2:24). La muerte no puede retenerlo porque Él no sólo es la vida, sino también la resurrección. La vida denota el poder para existir, mientras que la resurrección es el poder que vence todo lo que se opone a la vida ... Cristo, quien es la resurrección, vence la muerte y todas las cosas que pertenecen a la muerte, tales como la ceguera, la mudez, la sordera y toda índole de enfermedades.

Según las Escrituras, la muerte es un inmenso poder. Cuando la muerte llega a un hombre, éste no puede escapar de ella. Únicamente el Señor mismo como resurrección puede derrotar la muerte. Puesto que el Señor es la resurrección, Él puede quebrantar el poder de la muerte. Ni siquiera el Hades puede confinar a nuestro Señor en la tumba (Ap. 1:18). Debido a que Cristo no sólo es la vida, sino también la resurrección, Él puede librar de la muerte a todos los que han muerto. (*The Conclusión of the New Testament*, págs. 2898-2899)

Según el Nuevo Testamento, una corona siempre denota un premio dado además de la salvación ... La corona de la vida, como premio concedido a los que son fieles hasta la muerte para vencer la persecución, denota la fuerza vencedora que es el poder de la vida de resurrección (Fil. 3:10); también denota que estos vencedores han obtenido la superresurrección de entre los muertos (Fil. 3:11), la resurrección sobresaliente. (Ap. 2:10, nota 3)

Lectura adicional: The Conclusión of the New Testament, mensajes 218, 282; *Estudio-vida de Mateo*, mensaje 33

*Iluminación e inspiración:*_____

_____

Alimento matutino

Cnt. **He aquí, es la litera de Salomón; sesenta hombres**
3:7-8 **valientes la rodean, de los valientes de Israel. Todos**
ellos manejan la espada, y son expertos en la guerra;
cada uno tiene su espada sobre su muslo por causa de
las alarmas de la noche.

Al pasar por el proceso adecuado de la transformación, la
amada de Cristo es digna de estar relacionada con la economía de
Dios, de moverse con Dios. Ella está ligada a Dios y unida a Cristo
como una sola persona. En esta unión con Cristo, ella se compara
con una litera en la cual uno descansa en la noche durante los
tiempos de guerra [Cnt. 3:7]. Cristo no puede descansar sin
ella ... Ella está entre los sesenta valientes, lo cual indica que
es uno de los vencedores principales, que combate por Cristo a fin
de que Él pueda reposar en descanso durante la noche, incluso en
tiempos de guerra. ¡Qué consuelo y gozo es ella para el Señor!
En tipología, la noche representa la era de la iglesia. En la era de la
iglesia Cristo necesita a los vencedores para poder descansar.
(*Estudio de cristalización de Cantar de cantares*, págs. 76-77)

Lectura para hoy

"Tu cuello es como la torre de David, / edificada para armería: / mil broqueles están colgados en ella, / todos escudos de hombres valientes (Cnt. 4:4). Aquí vemos la belleza en su voluntad
sumisa a Cristo, la cual es rica en poder defensivo. (*Estudio-vida
de Cantar de los cantares*, pág. 31)

El cuello representa la voluntad del hombre. La Biblia se
refiere a los que caminan de acuerdo con su propia voluntad como
aquellos que se ensoberbecen y andan con cuello erguido (Is. 3:16).
Por tanto, el cuello denota la voluntad del hombre con relación a
Dios. El Señor considera la sumisión de la voluntad del hombre
como lo más hermoso que éste puede tener. En este versículo hay
dos aspectos de una voluntad sumisa. Primero dice: "tu cuello es
como la torre" [Cnt. 4:4]. Una torre describe una condición contra-
ria a la condición de una persona encorvada. Las personas que no
mantienen derechos sus cuellos son personas encorvadas. En la
Biblia, se entiende que las personas encorvadas están atadas
por Satanás, lo cual hace que siempre miren hacia la tierra (Lc.
13:11, 16). Cuando el cuello es como una torre, se da a entender

que la persona ya está libre: no está atada por Satanás y no ama al mundo. Una torre también denota fuerza. La voluntad de la doncella ha sido fortalecida por Dios al punto de que ella no ama al mundo y no es afectada por Satanás. En segundo lugar el versículo dice: "tu cuello es como la torre de David". Ésta no es una torre común, sino que es la torre de David. Además de la fortaleza y la liberación, también vemos que la voluntad de la doncella ha sido completamente sometida a David. Su fortaleza y su liberación se deben a su sumisión a Cristo. Todos debemos darnos cuenta de la importancia de ser cautivados por Cristo.

¿Para qué se edifica esta torre? Es "edificada para armería". Esto indica que la guerra espiritual se combate con el propósito de reclamar el derecho a la voluntad. La armería guardada en la torre alude a la victoria de Cristo, la cual resguarda la voluntad de los creyentes de la usurpación del enemigo. Sin embargo, las armas no tienen el fin de atacar sino de defender. Por eso, sólo se mencionan los broqueles y los escudos. Los broqueles y los escudos sirven como protección. "Mil" significa un gran número. "Valientes" hace referencia a la fuerza. En resumen, este versículo indica que la doncella está dispuesta a someterse completamente a la voluntad de David. Ella es tan fuerte como una torre y lleva a cabo la voluntad de David. Ella está en guardia vigilando para no permitir que su voluntad sumisa sea usurpada por el enemigo. (Watchman Nee, *El Cantar de los cantares*, págs. 61-62)

En primer lugar, nuestra voluntad tiene que ser subyugada; luego debe llegar a ser fuerte en resurrección. La voluntad natural tiene que ser sometida a esta disciplina; sólo entonces poseeremos una voluntad resucitada. La voluntad que ha sido crucificada y subyugada es como una manada de cabras paradas en la ladera de una montaña, mientras que la voluntad que ha sido resucitada debe ser como la torre de David, edificada para armería. Una armería es el lugar donde se guardan las armas de combate ... ¡Cuán poético es El Cantar de los Cantares! En primer lugar, nuestra voluntad tiene que ser subyugada; luego, en resurrección, ella será como la torre de David, la armería destinada a la guerra espiritual. Todas las armas que se usan en la guerra espiritual son guardadas en nuestra voluntad que ha sido subyugada y resucitada. (*La vida y la edificación como se presentan en Cantar de los cantares*, págs. 69-70)

Lectura adicional: Estudio-vida de Cantar de los cantares, mensajes 4-5, 7; *El Cantar de los cantares*, caps. 3-4

*Iluminación e inspiración:*_____

_____

Alimento matutino

Cnt. **Hermosa eres tú, amor mío, como Tirsa, bella como**
6:4 **Jerusalén, terrible como ejército con estandartes.**
10 **¿Quién es ésta que se asoma como el alba, hermosa**
      como la luna, límpida como el sol, terrible como ejér-
      cito con estandartes?
Ap. **Y ellos le han vencido por causa de la sangre del Cor-**
12:11 **dero y de la palabra del testimonio de ellos, y no ama-**
      ron la vida de su alma, hasta la muerte.

Cuando la vencedora que ama a Cristo llega a ser uno con Dios para ser la morada de Dios, a los ojos de Dios ella es hermosa como Tirsa y bella como Jerusalén. Sin embargo, para el enemigo, ella es terrible como ejército con estandartes. Los estandartes enarbolados indican que ella está lista para combatir y son, además, señal de que la victoria ya fue lograda. El terrible ejército aquí representa a los vencedores del Señor, quienes aterrorizan al enemigo de Dios, a Satanás, y que llegan a ser imponentes a los ojos del pueblo de Dios. Este ejército libra la batalla por el reino de Dios en medio de la degradación del pueblo de Dios a fin de llegar a ser los vencedores que responden al llamado del Señor ... A la postre, los vencedores llegarán a ser, colectivamente, una novia que se casará con Cristo (Ap. 19:7-9). Después de su boda, la novia se convertirá en un ejército para combatir al lado de Cristo, su Marido, a fin de derrotar al anticristo y todos sus seguidores (Ap. 19:11-21). (Cnt. 6:4, nota 2)

Lectura para hoy

No es sólo cuestión de defender el reino, sino también de pelear por el reino ... En primer lugar, tenemos la armería para poder defendernos en la batalla [Cnt. 4:4]. Pero ahora, la buscadora se ha convertido en un ejército que marcha celebrando la victoria triunfal [6:4]. La palabra hebrea traducida "ejército" en este versículo está en plural; es por eso que algunas de las mejores versiones dicen que ella es las huestes, las tropas. No es solamente una tropa, sino muchas tropas con estandartes. Ella ha llegado a ser este maravilloso ejército de combate, estas tropas, que tienen estandartes de victoria. Nunca podemos separar la edificación de la batalla espiritual. Dondequiera que la edificación se esté llevando a cabo, allí se libra la batalla. Todos podemos recordar el relato de Nehemías: con una mano trabajaban en la obra y con la otra sostenían la espada para la batalla (Neh. 4:17). Mientras edificaban, estaban peleando la batalla. La batalla siempre acompaña a la edificación, y la edificación siempre nos permite obtener la victoria en la batalla. Ésta es la consumación de la vida cristiana. Ésta es la máxima consumación que puede alcanzar la buscadora del Señor. Ella es ahora una ciudad, la cual a su vez es un ejército.

En Ezequiel 37:2-10 leemos acerca de lo mismo. Después que el aliento de vida entró en todos los huesos secos, éstos cobraron vida y fueron edificados para ser la habitación de Dios. Al mismo tiempo fueron formados como ejército. La edificación es siempre un ejército. Si no hay un enemigo, no es necesario edificar una ciudad. En la historia de la humanidad, la ciudad llegó a existir debido a los ataques de los enemigos. La ciudad es la morada de Dios, pero también es el ejército que combate contra el enemigo. (*La vida y la edificación como se presentan en Cantar de los cantares,* págs. 89-90)

Un ejército sin estandartes debe de ser un ejército vencido. Cuando la amada llega a ser tan hermosa como la luna y tan límpida como el sol, también es tan terrible como un ejército con estandartes (Cnt. 6:10). Cuando llega a ser el huerto, no es nada más que un huerto, pero cuando llega a ser Tirsa y Jerusalén, algo está edificado que muestra la belleza y hermosura de Dios. En ese momento, el enemigo de Dios tiembla porque esta pequeña campesina ha llegado a ser un ejército con estandartes. (*Estudio de cristalización de Cantar de cantares,* pág. 114)

Las armas son lo más importante para un ejército en medio de la batalla, mientras que el estandarte lo es en la victoria … [El versículo 4] indica que la doncella es hermosa y bella delante del Señor, tan sólida como la ciudad celestial y tan serena como el santuario. Al mismo tiempo, expresa la gloria de la victoria obtenida sobre el enemigo y el mundo … Los creyentes deben ser amables y terribles al mismo tiempo. Los creyentes de hoy han perdido su hermosura delante del Señor y su imponencia ante el enemigo y ante el mundo … La Biblia menciona reiteradas veces cuán terrible es el Señor; Él es terrible debido a que es santo. Si mantenemos nuestra santidad y nuestra victoria, veremos al enemigo retroceder y al mundo alejarse. (Watchman Nee, *El Cantar de los cantares,* págs. 97-98)

Lectura adicional: La vida y la edificación como se presentan en Cantar de los cantares, caps. 6, 12; Estudio de cristalización de Cantar de cantares, mensajes 7, 12

Iluminación e inspiración: _____

_____

Alimento matutino

Ef.   Por lo demás, fortaleceos en el Señor, y en el poder de
6:10-11 Su fuerza. Vestíos de toda la armadura de Dios, para
que podáis estar firmes contra las estratagemas del
diablo.
13   Por tanto, tomad toda la armadura de Dios, para que
podáis resistir en el día malo, y habiendo acabado
todo, estar firmes.

La iglesia no sólo es el Cuerpo, el nuevo hombre, la novia, la familia, el reino y la morada, sino también el guerrero que lucha contra el
enemigo de Dios. Satanás, el enemigo de Dios, le tiene pavor a tal
iglesia. Él no le teme a cristianos individualistas, aunque se cuenten
por millares; pero cuando ellos se reúnen como la iglesia en el aspecto
del Cuerpo y en los otros aspectos, Satanás tiembla. Por medio de
estos siete aspectos de la iglesia Cristo es expresado, el Padre
encuentra reposo y el enemigo es derrotado. Que todos recibamos la
visión de que la iglesia no depende de que seamos santos y espirítua-
les de forma individual, sino de que seamos edificados juntamente
como el Cuerpo, el nuevo hombre, la novia, la familia, el reino, la
morada y el guerrero. Como tal iglesia, derrotaremos al enemigo y
prepararemos el camino para que el Señor regrese. (*Estudio-vida de
Efesios*, págs. 633-634)

Lectura para hoy

El hecho de que necesitamos ser fortalecidos en el Señor
indica que no podemos pelear la batalla espiritual por nosotros
mismos; sólo podemos luchar en el Señor y en el poder de Su
fuerza. En [Efesios] 6:10 Pablo se refiere a la fortaleza, al poder y
a la fuerza. Primero somos fortalecidos por el poder que levantó a
Cristo de entre los muertos y que lo dio por Cabeza sobre todas
las cosas; luego conocemos el poder y la fuerza de Dios.

Efesios 6:11 comienza con las palabras: "Vestíos de toda la
armadura de Dios". Para pelear la batalla espiritual, no sólo
necesitamos el poder del Señor, sino también la armadura de
Dios. Nuestras armas de nada nos aprovechan, pero sí nos apro-
vecha la armadura de Dios.

Toda la armadura de Dios es dada al Cuerpo entero, y no a los
miembros individuales del Cuerpo. La iglesia es un guerrero

corporativo, y los creyentes constituyen dicho guerrero. Sólo el guerrero corporativo, no los creyentes individualmente, puede vestirse de toda la armadura de Dios. Debemos pelear la batalla espiritual en el Cuerpo, y no como individuos.

En la economía de Dios, hay un solo ejército cuyo elemento constitutivo es un guerrero corporativo. Esto significa que el guerrero de Efesios 6 es una entidad corporativa. Sólo como una entidad corporativa, el Cuerpo, podemos vestirnos de toda la armadura de Dios. Esto contradice el concepto que muchos cristianos sostienen, o sea, que un creyente individual es capaz de llevar toda la armadura. La armadura de Efesios 6 no es para los creyentes individualmente, sino para la iglesia corporativamente, para la iglesia como Cuerpo de Cristo. Lo que revela este capítulo no es la lucha que libran los creyentes como individuos, sino la que pelea un ejército corporativo por los intereses de Dios sobre la tierra.

La guerra espiritual no es un asunto de individuos, sino del Cuerpo, una entidad corporativa que pelea la batalla contra el enemigo de Dios. En un ejército moderno, ningún soldado emprendería la batalla a solas; más bien, lo haría como parte integral de un ejército bien adiestrado y plenamente equipado. Después de ser formados corporativamente como un ejército, podremos pelear contra el enemigo de Dios. La estrategia de Dios consiste en usar a la iglesia como Su ejército para combatir contra el enemigo. Por ello, es muy peligroso aislarnos del ejército, pues sólo permaneciendo en él tendremos la protección que necesitamos.

Hace algunos años el pueblo del Señor consideraba que la guerra espiritual era un asunto individual, pero a través de los años hemos visto que quien libra la batalla es la iglesia, el ejército corporativo de Dios. Si nos apartamos de la iglesia, seremos vencidos. La estrategia de Satanás consiste en aislarnos de la iglesia, el ejército de Dios. Es crucial que nos demos cuenta de que la guerra espiritual es un asunto que atañe al Cuerpo. Si estamos conscientes de ello y permanecemos en la iglesia, seremos victoriosos. A los creyentes como individuos no les toca librar la batalla; la iglesia como ejército de Dios es quien la libra. (*Estudio-vida de Efesios,* págs. 537-538, 821-822)

Lectura adicional: Estudio-vida de Efesios, mensajes 63, 74, 97

*Iluminación e inspiración:*_____

Himnos, #398

1   Lucha siempre en el Cuerpo,
     Por tu cuenta no podrás;
     Sólo unido a la Cabeza,
     Desde el trono vencerás.

     Lucha siempre en el Cuerpo,
     La Cabeza da el poder;
     Sólo firme en el Cuerpo,
     La victoria podrás ver.

2   La armadura es para el Cuerpo,
     No es con fin individual;
     Cuando luchas en el Cuerpo
     El provecho es total.

3   A la iglesia firme en Cristo
     Satanás no vencerá;
     Es el Cuerpo edificado
     Quien al mal resistirá.

4   Con el Cuerpo y la Cabeza,
     Sentado en lo celestial,
     Lucha en contra del maligno,
     Y los príncipes del mal.

5   Con los miembros en el Cuerpo,
     Para Dios firme has de estar;
     En tu espíritu orando,
     Por la sangre triunfarás.

6   En lugares celestiales
     Con Su fuerza y Su vigor,
     Como todo un reclutado,
     Lucha y vence en el Señor.

7   Sigue luchando en el Cuerpo,
     La victoria obtendrás;
     Desatando y atando,
     El rival será tu pan.

*Redacción de una profecía con un tema central e
ideas secundarias:*_____

_____

_____

_____

_____

_____

_____

_____

_____

_____

_____

_____

_____

_____

_____

_____

_____

_____

_____

_____

_____

_____

_____

_____

_____

_____

_____

_____

_____

_____

Títulos en inglés citados en este libro

The Central Line of the Divine Revelation [La línea central de la revelación divina]

The Collected Works of Watchman Nee [Recopilación de las obras de Watchman Nee]

The Conclusion of the New Testament [La conclusión del Nuevo Testamento]

Life-study of Hosea [Estudio-vida de Oseas]

Life-study of Joel [Estudio-vida de Joel]

Three Aspects of the Church, Book 1: The Meaning of the Church [Tres aspectos de la iglesia, libro 1: El significado de la iglesia]

Truth Lessons—Level Three [Lecciones de la verdad, nivel tres]

Plan para leer la Versión Recobro del Antiguo Testamento y las notas al pie de la página

Sem.	Día del Señor	Lunes	Martes	Miércoles	Jueves	Viernes	Sábado
1	Gn 1:1-5	1:6-23	1:24-31	2:1-9	2:10-25	3:1-13	3:14-24
2	4:1-26	5:1-32	6:1-22	7:1—8:3	8:4-22	9:1-29	10:1-32
3	11:1-32	12:1-20	13:1-18	14:1-24	15:1-21	16:1-16	17:1-27
4	18:1-33	19:1-38	20:1-18	21:1-34	22:1-24	23:1—24:27	24:28-67
5	25:1-34	26:1-35	27:1-46	28:1-22	29:1-35	30:1-43	31:1-55
6	32:1-32	33:1—34:31	35:1-29	36:1-43	37:1-36	38:1—39:23	40:1—41:13
7	41:14-57	42:1-38	43:1-34	44:1-34	45:1-28	46:1-34	47:1-31
8	48:1-22	49:1-15	49:16-33	50:1-26	Éx 1:1-22	2:1-25	3:1-22
9	4:1-31	5:1-23	6:1-30	7:1-25	8:1-32	9:1-35	10:1-29
10	11:1-10	12:1-14	12:15-36	12:37-51	13:1-22	14:1-31	15:1-27
11	16:1-36	17:1-16	18:1-27	19:1-25	20:1-26	21:1-36	22:1-31
12	23:1-33	24:1-18	25:1-22	25:23-40	26:1-14	26:15-37	27:1-21
13	28:1-21	28:22-43	29:1-21	29:22-46	30:1-10	30:11-38	31:1-17
14	31:18—32:35	33:1-23	34:1-35	35:1-35	36:1-38	37:1-29	38:1-31
15	39:1-43	40:1-38	Lv 1:1-17	2:1-16	3:1-17	4:1-35	5:1-19
16	6:1-30	7:1-38	8:1-36	9:1-24	10:1-20	11:1-47	12:1-8
17	13:1-28	13:29-59	14:1-18	14:19-32	14:33-57	15:1-33	16:1-17
18	16:18-34	17:1-16	18:1-30	19:1-37	20:1-27	21:1-24	22:1-33
19	23:1-22	23:23-44	24:1-23	25:1-23	25:24-55	26:1-24	26:25-46
20	27:1-34	Nm 1:1-54	2:1-34	3:1-51	4:1-49	5:1-31	6:1-27
21	7:1-41	7:42-88	7:89—8:26	9:1-23	10:1-36	11:1-35	12:1—13:33
22	14:1-45	15:1-41	16:1-50	17:1—18:7	18:8-32	19:1-22	20:1-29
23	21:1-35	22:1-41	23:1-30	24:1-25	25:1-18	26:1-65	27:1-23
24	28:1-31	29:1-40	30:1—31:24	31:25-54	32:1-42	33:1-56	34:1-29
25	35:1-34	36:1-13	Dt 1:1-46	2:1-37	3:1-29	4:1-49	5:1-33
26	6:1—7:26	8:1-20	9:1-29	10:1-22	11:1-32	12:1-32	13:1—14:21

Plan para leer la Versión Recobro del Antiguo Testamento y las notas al pie de la página

Sem.	Día del Señor	Lunes	Martes	Miércoles	Jueves	Viernes	Sábado
27	14:22—15:23	16:1-22	17:1—18:8	18:9—19:21	20:1—21:17	21:18—22:30	23:1-25
28	24:1-22	25:1-19	26:1-19	27:1-26	28:1-68	29:1-29	30:1—31:29
29	31:30—32:52	33:1-29	34:1-12	Jos 1:1-18	2:1-24	3:1-17	4:1-24
30	5:1-15	6:1-27	7:1-26	8:1-35	9:1-27	10:1-43	11:1—12:24
31	13:1-33	14:1—15:63	16:1—18:28	19:1-51	20:1—21:45	22:1-34	23:1—24:33
32	Jue 1:1-36	2:1-23	3:1-31	4:1-24	5:1-31	6:1-40	7:1-25
33	8:1-35	9:1-57	10:1—11:40	12:1—13:25	14:1—15:20	16:1-31	17:1—18:31
34	19:1-30	20:1-48	21:1-25	Rt 1:1-22	2:1-23	3:1-18	4:1-22
35	1 S 1:1-28	2:1-36	3:1—4:22	5:1—6:21	7:1—8:22	9:1-27	10:1—11:15
36	12:1—13:23	14:1-52	15:1-35	16:1-23	17:1-58	18:1-30	19:1-24
37	20:1-42	21:1—22:23	23:1—24:22	25:1-44	26:1-25	27:1—28:25	29:1—30:31
38	31:1-13	2 S 1:1-27	2:1-32	3:1-39	4:1—5:25	6:1-23	7:1-29
39	8:1—9:13	10:1—11:27	12:1-31	13:1-39	14:1-33	15:1—16:23	17:1—18:33
40	19:1-43	20:1—21:22	22:1-51	23:1-39	24:1-25	1 R 1:1-19	1:20-53
41	2:1-46	3:1-28	4:1-34	5:1—6:38	7:1-22	7:23-51	8:1-36
42	8:37-66	9:1-28	10:1-29	11:1-43	12:1-33	13:1-34	14:1-31
43	15:1-34	16:1—17:24	18:1-46	19:1-21	20:1-43	21:1—22:53	2 R 1:1-18
44	2:1—3:27	4:1-44	5:1—6:33	7:1-20	8:1-29	9:1-37	10:1-36
45	11:1—12:21	13:1—14:29	15:1-38	16:1-20	17:1-41	18:1-37	19:1-37
46	20:1—21:26	22:1-20	23:1-37	24:1—25:30	1 Cr 1:1-54	2:1—3:24	4:1—5:26
47	6:1-81	7:1-40	8:1-40	9:1-44	10:1—11:47	12:1-40	13:1—14:17
48	15:1—16:43	17:1-27	18:1—19:19	20:1—21:30	22:1—23:32	24:1—25:31	26:1-32
49	27:1-34	28:1—29:30	2 Cr 1:1-17	2:1—3:17	4:1—5:14	6:1-42	7:1—8:18
50	9:1—10:19	11:1—12:16	13:1—15:19	16:1—17:19	18:1—19:11	20:1-37	21:1—22:12
51	23:1—24:27	25:1—26:23	27:1—28:27	29:1-36	30:1—31:21	32:1-33	33:1—34:33
			3:1 4:24	3:1 4:24	5:1—6:22	7:1-28	8:1-36

Plan para leer la Versión Recobro del Antiguo Testamento y las notas al pie de la página

Sem.	Día del Señor	Lunes	Martes	Miércoles	Jueves	Viernes	Sábado
53	□ 9:1—10:44	□ Neh 1:1-11	□ 2:1—3:32	□ 4:1—5:19	□ 6:1-19	□ 7:1-73	□ 8:1-18
54	□ 9:1-20	□ 9:21-38	□ 10:1—11:36	□ 12:1-47	□ 13:1-31	□ Est 1:1-22	□ 2:1—3:15
55	□ 4:1—5:14	□ 6:1—7:10	□ 8:1-17	□ 9:1—10:3	□ Job 1:1-22	□ 2:1—3:26	□ 4:1—5:27
56	□ 6:1—7:21	□ 8:1—9:35	□ 10:1—11:20	□ 12:1—13:28	□ 14:1—15:35	□ 16:1—17:16	□ 18:1—19:29
57	□ 20:1—21:34	□ 22:1—23:17	□ 24:1—25:6	□ 26:1—27:23	□ 28:1—29:25	□ 30:1—31:40	□ 32:1—33:33
58	□ 34:1—35:16	□ 36:1-33	□ 37:1-24	□ 38:1-41	□ 39:1-30	□ 40:1-24	□ 41:1-34
59	□ 42:1-17	□ Sal 1:1-6	□ 2:1—3:8	□ 4:1—6:10	□ 7:1—8:9	□ 9:1—10:18	□ 11:1—15:5
60	□ 16:1—17:15	□ 18:1-50	□ 19:1—21:13	□ 22:1-31	□ 23:1—24:10	□ 25:1—27:14	□ 28:1—30:12
61	□ 31:1—32:11	□ 33:1—34:22	□ 35:1—36:12	□ 37:1-40	□ 38:1—39:13	□ 40:1—41:13	□ 42:1—43:5
62	□ 44:1-26	□ 45:1-17	□ 46:1—48:14	□ 49:1—50:23	□ 51:1—52:9	□ 53:1—55:23	□ 56:1—58:11
63	□ 59:1—61:8	□ 62:1—64:10	□ 65:1—67:7	□ 68:1-35	□ 69:1—70:5	□ 71:1—72:20	□ 73:1—74:23
64	□ 75:1—77:20	□ 78:1-72	□ 79:1—81:16	□ 82:1—84:12	□ 85:1—87:7	□ 88:1—89:52	□ 90:1—91:16
65	□ 92:1—94:23	□ 95:1—97:12	□ 98:1—101:8	□ 102:1—103:22	□ 104:1—105:45	□ 106:1-48	□ 107:1-43
66	□ 108:1—109:31	□ 110:1—112:10	□ 113:1—115:18	□ 116:1—118:29	□ 119:1-32	□ 119:33-72	□ 119:73-120
67	□ 119:121-176	□ 120:1—124:8	□ 125:1—128:6	□ 129:1—132:18	□ 133:1—135:21	□ 136:1—138:8	□ 139:1—140:13
68	□ 141:1—144:15	□ 145:1—147:20	□ 148:1—150:6	□ Pr 1:1-33	□ 2:1—3:35	□ 4:1—5:23	□ 6:1-35
69	□ 7:1—8:36	□ 9:1—10:32	□ 11:1—12:28	□ 13:1—14:35	□ 15:1-33	□ 16:1-33	□ 17:1-28
70	□ 18:1-24	□ 19:1—20:30	□ 21:1—22:29	□ 23:1-35	□ 24:1—25:28	□ 26:1—27:27	□ 28:1—29:27
71	□ 30:1-33	□ 31:1-31	□ Ec 1:1-18	□ 2:1—3:22	□ 4:1—5:20	□ 6:1—7:29	□ 8:1—9:18
72	□ 10:1—11:10	□ 12:1-14	□ Cnt 1:1-8	□ 1:9-17	□ 2:1-17	□ 3:1-11	□ 4:1-8
73	□ 4:9-16	□ 5:1-16	□ 6:1-13	□ 7:1-13	□ 8:1-14	□ Is 1:1-11	□ 1:12-31
74	□ 2:1-22	□ 3:1-26	□ 4:1-6	□ 5:1-30	□ 6:1-13	□ 7:1-25	□ 8:1-22
75	□ 9:1-21	□ 10:1-34	□ 11:1—12:6	□ 13:1-22	□ 14:1-14	□ 14:15-32	□ 15:1—16:14
76	□ 17:1—18:7	□ 19:1-25	□ 20:1—21:17	□ 22:1-25	□ 23:1-18	□ 24:1-23	□ 25:1-12
77	□ 26:1-21	□ 27:1-13	□ 28:1-29	□ 29:1-24	□ 30:1-33	□ 31:1—32:20	□ 33:1-24
78	□ 34:1-17	□ 35:1-10	□ 36:1-22	□ 37:1-38	□ 38:1—39:8	□ 40:1-31	□ 41:1-29

Plan para leer la Versión Recobro del Antiguo Testamento y las notas al pie de la página

Sem.	Día del Señor	Lunes	Martes	Miércoles	Jueves	Viernes	Sábado
79	☐ 42:1-25	☐ 43:1-28	☐ 44:1-28	☐ 45:1-25	☐ 46:1-13	☐ 47:1-15	☐ 48:1-22
80	☐ 49:1-13	☐ 49:14-26	☐ 50:1—51:23	☐ 52:1-15	☐ 53:1-12	☐ 54:1-17	☐ 55:1-13
81	☐ 56:1-12	☐ 57:1-21	☐ 58:1-14	☐ 59:1-21	☐ 60:1-22	☐ 61:1-11	☐ 62:1-12
82	☐ 63:1-19	☐ 64:1-12	☐ 65:1-25	☐ 66:1-24	☐ Jer 1:1-19	☐ 2:1-19	☐ 2:20-37
83	☐ 3:1-25	☐ 4:1-31	☐ 5:1-31	☐ 6:1-30	☐ 7:1-34	☐ 8:1-22	☐ 9:1-26
84	☐ 10:1-25	☐ 11:1—12:17	☐ 13:1-27	☐ 14:1-22	☐ 15:1-21	☐ 16:1—17:27	☐ 18:1-23
85	☐ 19:1—20:18	☐ 21:1—22:30	☐ 23:1-40	☐ 24:1—25:38	☐ 26:1—27:22	☐ 28:1—29:32	☐ 30:1-24
86	☐ 31:1-23	☐ 31:24-40	☐ 32:1-44	☐ 33:1-26	☐ 34:1-22	☐ 35:1-19	☐ 36:1-32
87	☐ 37:1-21	☐ 38:1-28	☐ 39:1—40:16	☐ 41:1—42:22	☐ 43:1—44:30	☐ 45:1—46:28	☐ 47:1—48:16
88	☐ 48:17-47	☐ 49:1-22	☐ 49:23-39	☐ 50:1-27	☐ 50:28-46	☐ 51:1-27	☐ 51:28-64
89	☐ 52:1-34	☐ Lm 1:1-22	☐ 2:1-22	☐ 3:1-39	☐ 3:40-66	☐ 4:1-22	☐ 5:1-22
90	☐ Ez 1:1-14	☐ 1:15-28	☐ 2:1—3:27	☐ 4:1—5:17	☐ 6:1—7:27	☐ 8:1—9:11	☐ 10:1—11:25
91	☐ 12:1—13:23	☐ 14:1—15:8	☐ 16:1-63	☐ 17:1—18:32	☐ 19:1-14	☐ 20:1-49	☐ 21:1-32
92	☐ 22:1-31	☐ 23:1-49	☐ 24:1-27	☐ 25:1—26:21	☐ 27:1-36	☐ 28:1-26	☐ 29:1—30:26
93	☐ 31:1—32:32	☐ 33:1-33	☐ 34:1-31	☐ 35:1—36:21	☐ 36:22-38	☐ 37:1-28	☐ 38:1—39:29
94	☐ 40:1-27	☐ 40:28-49	☐ 41:1-26	☐ 42:1—43:27	☐ 44:1-31	☐ 45:1-25	☐ 46:1-24
95	☐ 47:1-23	☐ 48:1-35	☐ Dn 1:1-21	☐ 2:1-30	☐ 2:31-49	☐ 3:1-30	☐ 4:1-37
96	☐ 5:1-31	☐ 6:1-28	☐ 7:1-12	☐ 7:13-28	☐ 8:1-27	☐ 9:1-27	☐ 10:1-21
97	☐ 11:1-22	☐ 11:23-45	☐ 12:1-13	☐ Os 1:1-11	☐ 2:1-23	☐ 3:1—4:19	☐ 5:1-15
98	☐ 6:1-11	☐ 7:1-16	☐ 8:1-14	☐ 9:1-17	☐ 10:1-15	☐ 11:1-12	☐ 12:1-14
99	☐ 13:1—14:9	☐ Jl 1:1-20	☐ 2:1-16	☐ 2:17-32	☐ 3:1-21	☐ Am 1:1-15	☐ 2:1-16
100	☐ 3:1-15	☐ 4:1—5:27	☐ 6:1—7:17	☐ 8:1—9:15	☐ Abd 1-21	☐ Jon 1:1-17	☐ 2:1—4:11
101	☐ Mi 1:1-16	☐ 2:1—3:12	☐ 4:1—5:15	☐ 6:1—7:20	☐ Nah 1:1-15	☐ 2:1—3:19	☐ Hab 1:1-17
102	☐ 2:1-20	☐ 3:1-19	☐ Sof 1:1-18	☐ 2:1-15	☐ 3:1-20	☐ Hag 1:1-15	☐ 2:1-23
103	☐ Zac 1:1-21	☐ 2:1-13	☐ 3:1-10	☐ 4:1-14	☐ 5:1—6:15	☐ 7:1—8:23	☐ 9:1-17
104	☐ 10:1—11:17	☐ 12:1—13:9	☐ 14:1-21	☐ Mal 1:1-14	☐ 2:1-17	☐ 3:1-18	☐ 4:1-6

Plan para leer la Versión Recobro del Nuevo Testamento y las notas al pie de la página

Sem.	Domingo	Lunes	Martes	Miércoles	Jueves	Viernes	Sábado
1	Mt 1:1-2	1:3-7	1:8-17	1:18-25	2:1-23	3:1-6	3:7-17
2	4:1-11	4:12-25	5:1-4	5:5-12	5:13-20	5:21-26	5:27-48
3	6:1-8	6:9-18	6:19-34	7:1-12	7:13-29	8:1-13	8:14-22
4	8:23-34	9:1-13	9:14-17	9:18-34	9:35—10:5	10:6-25	10:26-42
5	11:1-15	11:16-30	12:1-14	12:15-32	12:33-42	12:43—13:2	13:3-12
6	13:13-30	13:31-43	13:44-58	14:1-13	14:14-21	14:22-36	15:1-20
7	15:21-31	15:32-39	16:1-12	16:13-20	16:21-28	17:1-13	17:14-27
8	18:1-14	18:15-22	18:23-35	19:1-15	19:16-30	20:1-16	20:17-34
9	21:1-11	21:12-22	21:23-32	21:33-46	22:1-22	22:23-33	22:34-46
10	23:1-12	23:13-39	24:1-14	24:15-31	24:32-51	25:1-13	25:14-30
11	25:31-46	26:1-16	26:17-35	26:36-46	26:47-64	26:65-75	27:1-26
12	27:27-44	27:45-56	27:57—28:15	28:16-20	Mr 1:1	1:2-6	1:7-13
13	1:14-28	1:29-45	2:1-12	2:13-28	3:1-19	3:20-35	4:1-25
14	4:26-41	5:1-20	5:21-43	6:1-29	6:30-56	7:1-23	7:24-37
15	8:1-26	8:27—9:1	9:2-29	9:30-50	10:1-16	10:17-34	10:35-52
16	11:1-16	11:17-33	12:1-27	12:28-44	13:1-13	13:14-37	14:1-26
17	14:27-52	14:53-72	15:1-15	15:16-47	16:1-8	16:9-20	Lc 1:1-4
18	1:5-25	1:26-46	1:47-56	1:57-80	2:1-8	2:9-20	2:21-39
19	2:40-52	3:1-20	3:21-38	4:1-13	4:14-30	4:31-44	5:1-26
20	5:27—6:16	6:17-38	6:39-49	7:1-17	7:18-23	7:24-35	7:36-50
21	8:1-15	8:16-25	8:26-39	8:40-56	9:1-17	9:18-26	9:27-36
22	9:37-50	9:51-62	10:1-11	10:12-24	10:25-37	10:38-42	11:1-13
23	11:14-26	11:27-36	11:37-54	12:1-12	12:13-21	12:22-34	12:35-48
24	12:49-59	13:1-9	13:10-17	13:18-30	13:31—14:6	14:7-14	14:15-24
25	14:25-35	15:1-10	15:11-21	15:22-32	16:1-13	16:14-22	16:23-31
26	17:1-19	17:20-37	18:1-14	18:15-30	18:31-43	19:1-10	19:11-27

Sem.	Domingo	Lunes	Martes	Miércoles	Jueves	Viernes	Sábado
27	☐ Lc 19:28-48	☐ 20:1-19	☐ 20:20-38	☐ 20:39—21:4	☐ 21:5-27	☐ 21:28-38	☐ 22:1-20
28	☐ 22:21-38	☐ 22:39-54	☐ 22:55-71	☐ 23:1-43	☐ 23:44-56	☐ 24:1-12	☐ 24:13-35
29	☐ 24:36-53	☐ Jn 1:1-13	☐ 1:14-18	☐ 1:19-34	☐ 1:35-51	☐ 2:1-11	☐ 2:12-22
30	☐ 2:23—3:13	☐ 3:14-21	☐ 3:22-36	☐ 4:1-14	☐ 4:15-26	☐ 4:27-42	☐ 4:43-54
31	☐ 5:1-16	☐ 5:17-30	☐ 5:31-47	☐ 6:1-15	☐ 6:16-31	☐ 6:32-51	☐ 6:52-71
32	☐ 7:1-9	☐ 7:10-24	☐ 7:25-36	☐ 7:37-52	☐ 7:53—8:11	☐ 8:12-27	☐ 8:28-44
33	☐ 8:45-59	☐ 9:1-13	☐ 9:14-34	☐ 9:35—10:9	☐ 10:10-30	☐ 10:31—11:4	☐ 11:5-22
34	☐ 11:23-40	☐ 11:41-57	☐ 12:1-11	☐ 12:12-24	☐ 12:25-36	☐ 12:37-50	☐ 13:1-11
35	☐ 13:12-30	☐ 13:31-38	☐ 14:1-6	☐ 14:7-20	☐ 14:21-31	☐ 15:1-11	☐ 15:12-27
36	☐ 16:1-15	☐ 16:16-33	☐ 17:1-5	☐ 17:6-13	☐ 17:14-24	☐ 17:25—18:11	☐ 18:12-27
37	☐ 18:28-40	☐ 19:1-16	☐ 19:17-30	☐ 19:31-42	☐ 20:1-13	☐ 20:14-18	☐ 20:19-22
38	☐ 20:23-31	☐ 21:1-14	☐ 21:15-22	☐ 21:23-25	☐ Hch 1:1-8	☐ 1:9-14	☐ 1:15-26
39	☐ 2:1-13	☐ 2:14-21	☐ 2:22-36	☐ 2:37-41	☐ 2:42-47	☐ 3:1-18	☐ 3:19—4:22
40	☐ 4:23-37	☐ 5:1-16	☐ 5:17-32	☐ 5:33-42	☐ 6:1—7:1	☐ 7:2-29	☐ 7:30-60
41	☐ 8:1-13	☐ 8:14-25	☐ 8:26-40	☐ 9:1-19	☐ 9:20-43	☐ 10:1-16	☐ 10:17-33
42	☐ 10:34-48	☐ 11:1-18	☐ 11:19-30	☐ 12:1-25	☐ 13:1-12	☐ 13:13-43	☐ 13:44—14:5
43	☐ 14:6-28	☐ 15:1-12	☐ 15:13-34	☐ 15:35—16:5	☐ 16:6-18	☐ 16:19-40	☐ 17:1-18
44	☐ 17:19-34	☐ 18:1-17	☐ 18:18-28	☐ 19:1-20	☐ 19:21-41	☐ 20:1-12	☐ 20:13-38
45	☐ 21:1-14	☐ 21:15-26	☐ 21:27-40	☐ 22:1-21	☐ 22:22-29	☐ 22:30—23:11	☐ 23:12-15
46	☐ 23:16-30	☐ 23:31—24:21	☐ 24:22—25:5	☐ 25:6-27	☐ 26:1-13	☐ 26:14-32	☐ 27:1-26
47	☐ 27:27—28:10	☐ 28:11-22	☐ 28:23-31	☐ Ro 1:1-2	☐ 1:3-7	☐ 1:8-17	☐ 1:18-25
48	☐ 1:26—2:10	☐ 2:11-29	☐ 3:1-20	☐ 3:21-31	☐ 4:1-12	☐ 4:13-25	☐ 5:1-11
49	☐ 5:12-17	☐ 5:18—6:5	☐ 6:6-11	☐ 6:12-23	☐ 7:1-12	☐ 7:13-25	☐ 8:1-2
50	☐ 8:3-6	☐ 8:7-13	☐ 8:14-25	☐ 8:26-39	☐ 9:1-18	☐ 9:19—10:3	☐ 10:4-15
51	☐ 10:16—11:10	☐ 11:11-22	☐ 11:23-36	☐ 12:1-3	☐ 12:4-21	☐ 13:1-14	☐ 14:1-12
52	☐ 14:13-23	☐ 15:1-13	☐ 15:14-33	☐ 16:1-5	☐ 16:6-24	☐ 16:25-27	☐ 1Co 1:1-4

Sem.	Domingo		Lunes		Martes		Miércoles		Jueves		Viernes		Sábado	
53	I Co 1:5-9	□	1:10-17	□	1:18-31	□	2:1-5	□	2:6-10	□	2:11-16	□	3:1-9	□
54	3:10-13	□	3:14-23	□	4:1-9	□	4:10-21	□	5:1-13	□	6:1-11	□	6:12-20	□
55	7:1-16	□	7:17-24	□	7:25-40	□	8:1-13	□	9:1-15	□	9:16-27	□	10:1-4	□
56	10:5-13	□	10:14-33	□	11:1-6	□	11:7-16	□	11:17-26	□	11:27-34	□	12:1-11	□
57	12:12-22	□	12:23-31	□	13:1-13	□	14:1-12	□	14:13-25	□	14:26-33	□	14:34-40	□
58	15:1-19	□	15:20-28	□	15:29-34	□	15:35-49	□	15:50-58	□	16:1-9	□	16:10-24	□
59	II Co 1:1-4	□	1:5-14	□	1:15-22	□	1:23—2:11	□	2:12-17	□	3:1-6	□	3:7-11	□
60	3:12-18	□	4:1-6	□	4:7-12	□	4:13-18	□	5:1-8	□	5:9-15	□	5:16-21	□
61	6:1-13	□	6:14—7:4	□	7:5-16	□	8:1-15	□	8:16-24	□	9:1-15	□	10:1-6	□
62	10:7-18	□	11:1-15	□	11:16-33	□	12:1-10	□	12:11-21	□	13:1-10	□	13:11-14	□
63	Gá 1:1-5	□	1:6-14	□	1:15-24	□	2:1-13	□	2:14-21	□	3:1-4	□	3:5-14	□
64	3:15-22	□	3:23-29	□	4:1-7	□	4:8-20	□	4:21-31	□	5:1-12	□	5:13-21	□
65	5:22-26	□	6:1-10	□	6:11-15	□	6:16-18	□	Ef 1:1-3	□	1:4-6	□	1:7-10	□
66	1:11-14	□	1:15-18	□	1:19-23	□	2:1-5	□	2:6-10	□	2:11-14	□	2:15-18	□
67	2:19-22	□	3:1-7	□	3:8-13	□	3:14-18	□	3:19-21	□	4:1-4	□	4:5-10	□
68	4:11-16	□	4:17-24	□	4:25-32	□	5:1-10	□	5:11-21	□	5:22-26	□	5:27-33	□
69	6:1-9	□	6:10-14	□	6:15-18	□	6:19-24	□	Fil 1:1-7	□	1:8-18	□	1:19-26	□
70	1:27—2:4	□	2:5-11	□	2:12-16	□	2:17-30	□	3:1-6	□	3:7-11	□	3:12-16	□
71	3:17-21	□	4:1-9	□	4:10-23	□	Col 1:1-8	□	1:9-13	□	1:14-23	□	1:24-29	□
72	2:1-7	□	2:8-15	□	2:16-23	□	3:1-4	□	3:5-15	□	3:16-25	□	4:1-18	□
73	I Ts 1:1-3	□	1:4-10	□	2:1-12	□	2:13—3:5	□	3:6-13	□	4:1-10	□	4:11—5:11	□
74	5:12-28	□	II Ts 1:1-12	□	2:1-17	□	3:1-18	□	I Ti 1:1-2	□	1:3-4	□	1:5-14	□
75	1:15-20	□	2:1-7	□	2:8-15	□	3:1-13	□	3:14—4:5	□	4:6-16	□	5:1-25	□
76	6:1-10	□	6:11-21	□	II Ti 1:1-10	□	1:11-18	□	2:1-15	□	2:16-26	□	3:1-13	□
77	3:14—4:8	□	4:9-22	□	Tit 1:1-4	□	1:5-16	□	2:1-15	□	3:1-8	□	3:9-15	□
78	Flm 1:1-11	□	1:12-25	□	He 1:1-2	□	1:3-5	□	1:6-14	□	2:1-9	□	2:10-18	□

Plan para leer la Versión Recobro del Nuevo Testamento y las notas al pie de la página

Sem.	Domingo	Lunes	Martes	Miércoles	Jueves	Viernes	Sábado
79	☐ He 3:1-6	☐ 3:7-19	☐ 4:1-9	☐ 4:10-13	☐ 4:14-16	☐ 5:1-10	☐ 5:11—6:3
80	☐ 6:4-8	☐ 6:9-20	☐ 7:1-10	☐ 7:11-28	☐ 8:1-6	☐ 8:7-13	☐ 9:1-4
81	☐ 9:5-14	☐ 9:15-28	☐ 10:1-18	☐ 10:19-28	☐ 10:29-39	☐ 11:1-6	☐ 11:7-19
82	☐ 11:20-31	☐ 11:32-40	☐ 12:1-2	☐ 12:3-13	☐ 12:14-17	☐ 12:18-26	☐ 12:27-29
83	☐ 13:1-7	☐ 13:8-12	☐ 13:13-15	☐ 13:16-25	☐ Jac 1:1-8	☐ 1:9-18	☐ 1:19-27
84	☐ 2:1-13	☐ 2:14-26	☐ 3:1-18	☐ 4:1-10	☐ 4:11-17	☐ 5:1-12	☐ 5:13-20
85	☐ I P 1:1-2	☐ 1:3-4	☐ 1:5	☐ 1:6-9	☐ 1:10-12	☐ 1:13-17	☐ 1:18-25
86	☐ 2:1-3	☐ 2:4-8	☐ 2:9-17	☐ 2:18-25	☐ 3:1-13	☐ 3:14-22	☐ 4:1-6
87	☐ 4:7-16	☐ 4:17-19	☐ 5:1-4	☐ 5:5-9	☐ 5:10-14	☐ II P 1:1-2	☐ 1:3-4
88	☐ 1:5-8	☐ 1:9-11	☐ 1:12-18	☐ 1:19-21	☐ 2:1-3	☐ 2:4-11	☐ 2:12-22
89	☐ 3:1-6	☐ 3:7-9	☐ 3:10-12	☐ 3:13-15	☐ 3:16	☐ 3:17-18	☐ I Jn 1:1-2
90	☐ 1:3-4	☐ 1:5	☐ 1:6	☐ 1:7	☐ 1:8-10	☐ 2:1-2	☐ 2:3-11
91	☐ 2:12-14	☐ 2:15-19	☐ 2:20-23	☐ 2:24-27	☐ 2:28-29	☐ 3:1-5	☐ 3:6-10
92	☐ 3:11-18	☐ 3:19-24	☐ 4:1-6	☐ 4:7-11	☐ 4:12-15	☐ 4:16—5:3	☐ 5:4-13
93	☐ 5:14-17	☐ 5:18-21	☐ II Jn 1:1-3	☐ 1:4-9	☐ 1:10-13	☐ III Jn 1:1-6	☐ 1:7-14
94	☐ Jud 1:1-4	☐ 1:5-10	☐ 1:11-19	☐ 1:20-25	☐ Ap 1:1-3	☐ 1:4-6	☐ 1:7-11
95	☐ 1:12-13	☐ 1:14-16	☐ 1:17-20	☐ 2:1-6	☐ 2:7	☐ 2:8-9	☐ 2:10-11
96	☐ 2:12-14	☐ 2:15-17	☐ 2:18-23	☐ 2:24-29	☐ 3:1-3	☐ 3:4-6	☐ 3:7-9
97	☐ 3:10-13	☐ 3:14-18	☐ 3:19-22	☐ 4:1-5	☐ 4:6-7	☐ 4:8-11	☐ 5:1-6
98	☐ 5:7-14	☐ 6:1-8	☐ 6:9-17	☐ 7:1-8	☐ 7:9-17	☐ 8:1-6	☐ 8:7-12
99	☐ 8:13—9:11	☐ 9:12-21	☐ 10:1-4	☐ 10:5-11	☐ 11:1-4	☐ 11:5-14	☐ 11:15-19
100	☐ 12:1-4	☐ 12:5-9	☐ 12:10-18	☐ 13:1-10	☐ 13:11-18	☐ 14:1-5	☐ 14:6-12
101	☐ 14:13-20	☐ 15:1-8	☐ 16:1-12	☐ 16:13-21	☐ 17:1-6	☐ 17:7-18	☐ 18:1-8
102	☐ 18:9—19:4	☐ 19:5-10	☐ 19:11-16	☐ 19:17-21	☐ 20:1-6	☐ 20:7-10	☐ 20:11-15
103	☐ 21:1	☐ 21:2	☐ 21:3-8	☐ 21:9-13	☐ 21:14-18	☐ 21:19-21	☐ 21:22-27

Semana 1 Día 6

Versículos para hoy

Mt. 9:15 Jesús les dijo: ¿Acaso pueden los compañeros del novio tener luto mientras el novio está con ellos? Pero vendrán días cuando el novio les será quitado, y entonces ayunarán.

Ap. 19:7 Gocémonos y alegrémonos y démosle gloria; porque han llegado las bodas del Cordero, y Su esposa se ha preparado.

_____
Fecha

Semana 1 Día 5

Versículos para hoy

Ef. 5:25 Maridos, amad a vuestras mujeres, así como Cristo amó a la iglesia, y se entregó a Sí mismo por ella.

Cnt. 6:13 Vuelve, vuelve, oh Sulamita; vuelve, vuelve, para que te contemplemos. ¿Por qué habéis de contemplar a la Sulamita, como a la danza de dos campamentos?

_____
Fecha

Semana 1 Día 4

Versículos para hoy

Cnt. 2:4 Me llevó a la casa del banquete, y su estandarte sobre mí era el amor.

2 Co. 11:2 Porque os celo con celo de Dios; pues os he desposado con un solo esposo, para presentaros como una virgen pura a Cristo.

Semana 1 Día 3

Versículos para hoy

Jer. 31:3 Desde lejos Jehová se me apareció, _diciendo_: Con amor eterno ciertamente te he amado, por eso, te he atraído con benevolencia amorosa.

Jn. 3:29-30 El que tiene la novia, es el novio; mas el amigo del novio, que está _allí_ y le oye, se goza grandemente de la voz del novio; así pues, éste mi gozo se ha colmado. Es necesario que Él crezca, pero que yo mengüe.

_____
Fecha

Semana 1 Día 2

Versículos para hoy

Mal. 4:2 Mas a vosotros los que teméis Mi nombre, nacerá el Sol de justicia y en Sus alas _traerá_ sanidad, y saldréis y saltaréis como becerros bien alimentados.

Os. 2:19-20 Te desposaré conmigo para siempre; sí, te desposaré conmigo en justicia y en derecho, en benevolencia amorosa y en compasiones; sí, te desposaré conmigo en fidelidad, y conocerás a Jehová.

_____
Fecha

Semana 1 Día 1

Versículos para hoy

Mi. 5:2 (Pero tú, oh Belén Efrata, tan pequeña entre los millares de Judá, de ti me saldrá Aquel que será Gobernante en Israel; y Sus salidas son desde tiempos antiguos, desde los días de la eternidad.)

Lc. 24:27 Y comenzando desde Moisés, y siguiendo por todos los profetas, les explicaba claramente en todas las Escrituras lo referente a Él.

_____
Fecha

Semana 2 Día 1 — Versículos para hoy

Os. Yo seré a Israel como rocío...
14:5
Sal. ¡Mirad cuán bueno y cuán agradable es
133:1 habitar los hermanos en unidad!
3 Como el rocío del Hermón que descendió sobre los montes de Sion. Porque allí ordenó Jehová la bendición: la vida para siempre.

Fecha

Semana 2 Día 2 — Versículos para hoy

Os. ...Él florecerá como el lirio...
14:5
Cnt. Yo soy una rosa de Sarón, un lirio de los
2:1-2 valles. Como lirio entre los espinos, así es mi amor entre las hijas.
Mt. Y por el vestido, ¿por qué os preocupáis?
6:28 Considerad los lirios del campo, cómo crecen: no se afanan ni hilan.

Fecha

Semana 2 Día 3 — Versículos para hoy

Os. ...[Israel] extenderá sus raíces como _los_
14:5 _árboles del_ Líbano.
Jer. Bendito el varón que confía en Jehová, y
17:7-8 cuya confianza es Jehová. Será como árbol trasplantado junto a las aguas, que echa sus raíces junto a la corriente, y no temerá cuando llegue el calor; porque sus hojas estarán frondosas, y en el año de la sequía no se inquietará ni dejará de dar fruto.

Fecha

Semana 2 Día 4 — Versículos para hoy

Os. Se extenderán sus renuevos, y será su
14:6 esplendor como el _del_ olivo, y su fragancia, como _la de los árboles del_ Líbano.
2 Co. Mas a Dios gracias, el cual nos lleva siempre
2:14 en triunfo en el Cristo, y por medio de nosotros manifiesta en todo lugar el olor de Su conocimiento.

Fecha

Semana 2 Día 5 — Versículos para hoy

Os. Volverán los que se sientan bajo su sombra;
14:7-8 serán reavivados _como_ el grano, y florecerán como la vid; su renombre será como el del vino del Líbano. Efraín _dice:_ ¿Qué tengo que ver con los ídolos? Yo respondo y le miro. Yo soy como el abeto verde; _procedente_ de Mí es hallado tu fruto.
Ap. Y el que está sentado en el trono dijo: He
21:5 aquí, Yo hago nuevas todas las cosas...

Fecha

Semana 2 Día 6 — Versículos para hoy

Os. Cuando Israel era muchacho, Yo lo amé, y
11:1 de Egipto llamé a Mi hijo.
Ro. Y sabemos que a los que aman a Dios, todas
8:28-29 las cosas cooperan para bien, esto es, a los que conforme a _Su_ propósito son llamados. Porque a los que antes conoció, también los predestinó _para que fuesen_ hechos conformes a la imagen de Su Hijo, para que Él sea el Primogénito entre muchos hermanos.

Fecha

Semana 3 Día 1

Versículos para hoy

Os. 11:1 Cuando Israel era muchacho, Yo lo amé, y de Egipto llamé a Mi hijo.

Mt. 2:14-15 Y él, levantándose, tomó de noche al niño y a Su madre, y se fue a Egipto, y estuvo allí hasta la muerte de Herodes; para que se cumpliese lo que dijo el Señor por medio del profeta cuando dijo: "De Egipto llamé a Mi Hijo".

Fecha

Semana 3 Día 2

Versículos para hoy

Os. 11:4 Con cuerdas de hombre los atraje, con lazos de amor...

Ro. 5:8 Mas Dios muestra Su amor para con nosotros, en que siendo aún pecadores, Cristo murió por nosotros.

1 Jn. 4:9-10 En esto se manifestó ... el amor de Dios, en que Dios envió a Su Hijo unigénito al mundo ... En esto consiste el amor: no en que nosotros hayamos amado a Dios, sino en que Él nos amó a nosotros, y envió a Su Hijo en propiciación por nuestros pecados.

Fecha

Semana 3 Día 3

Versículos para hoy

1 P. 2:21 ...También Cristo padeció por vosotros, dejándoos un modelo, para que sigáis Sus pisadas.

He. 2:14 Así que, por cuanto los hijos son participantes de sangre y carne, de igual manera Él participó también de lo mismo, para destruir por medio de la muerte al que tiene el imperio de la muerte, esto es, al diablo.

Fecha

Semana 3 Día 4

Versículos para hoy

Hch. 13:33 La cual Dios ha cumplido ... resucitando a Jesús; como está escrito también en el salmo segundo: "Mi Hijo eres Tú, Yo te he engendrado hoy".

1 P. 1:3 Bendito sea el Dios y Padre de nuestro Señor Jesucristo, que según Su grande misericordia nos ha regenerado para una esperanza viva, mediante la resurrección de Jesucristo de entre los muertos.

Fecha

Semana 3 Día 5

Versículos para hoy

Ef. 1:19-23 Y cuál [es] la supereminente grandeza de Su poder para con nosotros los que creemos, según la operación del poder de Su fuerza, que hizo operar en Cristo, resucitándole de los muertos y sentándole a Su diestra en los lugares celestiales, por encima de todo ... y sometió todas las cosas bajo Sus pies, y lo dio por Cabeza sobre todas las cosas a la iglesia, la cual es Su Cuerpo, la plenitud de Aquel que todo lo llena en todo.

Fecha

Semana 3 Día 6

Versículos para hoy

Os. 11:4 ...Fui para ellos como los que alzan el yugo de sobre sus quijadas, y con ternura Yo les daba de comer.

Éx. 16:14-15 Cuando se evaporó la capa de rocío, aparecieron sobre la faz ... copos finos y redondos, tan finos como la escarcha que cae sobre la tierra. Al verlo, los hijos de Israel se dijeron unos a otros: ¿Qué es esto? porque no sabían qué era. Entonces Moisés les dijo: Es el pan que Jehová os ha dado para comer.

Fecha

Semana 4 Día 4

Versículos para hoy

Jl. 2:25-26 Yo os restauraré los años que han comido la langosta que pulula, la langosta que lame, la langosta que consume y la langosta que corta, Mi gran ejército que envié contra vosotros. Comeréis abundantemente y quedaréis satisfechos, y alabaréis el nombre de Jehová vuestro Dios, el cual os ha tratado maravillosamente; nunca jamás será Mi pueblo avergonzado.

_____
Fecha

Semana 4 Día 5

Versículos para hoy

Col. 2:19 ...Asiéndose de la Cabeza, en virtud de quien todo el Cuerpo, recibiendo el rico suministro y siendo entrelazado por medio de las coyunturas y ligamentos, crece con el crecimiento de Dios.

Jl. 3:11-12 Apresuraos y venid, naciones todas de alrededor, y congregaos. ¡Haz descender allí a Tus valientes, oh Jehová! Despiértense las naciones y suban al valle de Josafat. Porque allí me sentaré para juzgar a todas las naciones de alrededor.

_____
Fecha

Semana 4 Día 6

Versículos para hoy

Jl. 2:32 Y todo aquel que invoque el nombre de Jehová, será salvo; porque en el monte Sion y en Jerusalén habrá escape, como ha dicho Jehová, incluso para el remanente al cual Jehová llame.

1 Ts. 5:16-20 Estad siempre gozosos. Orad sin cesar. Dad gracias en todo, porque ésta es la voluntad de Dios en Cristo Jesús para con vosotros. No apaguéis al Espíritu. No menospreciéis las profecías.

_____
Fecha

Semana 4 Día 1

Versículos para hoy

Jl. 1:2 Oíd esto, oh ancianos, y prestad atención, todos vosotros los habitantes del país...

4 Lo que dejó la langosta que corta, lo comió la langosta que pulula; lo que dejó la langosta que pulula, lo comió la langosta que lame; y lo que dejó la langosta que lame, lo comió la langosta que consume.

_____
Fecha

Semana 4 Día 2

Versículos para hoy

Dn. 2:34-35 ...Una piedra fue cortada, no con manos, e hirió a la imagen en sus pies de hierro y de barro _cocido_, y los desmenuzó ... Y la piedra que hirió a la imagen se hizo un gran monte que llenó toda la tierra.

_____
Fecha

Semana 4 Día 3

Versículos para hoy

Zac. 1:18-21 Después alcé mis ojos y miré, y he aquí cuatro cuernos ... Éstos son los cuernos que dispersaron a Judá, a Israel y a Jerusalén. Me mostró luego Jehová cuatro artífices ... Éstos han venido para aterrorizarlos, para derribar los cuernos de las naciones que alzaron el cuerno contra la tierra de Judá para dispersarla.

_____
Fecha

Semana 5 Día 6 — Versículos para hoy

Ez. 36:26 — También os daré un corazón nuevo, y pondré un espíritu nuevo dentro de vosotros; y quitaré de vuestra carne el corazón de piedra y os daré un corazón de carne.

Ef. 6:17-18 — Y recibid ... la espada del Espíritu, el cual es la palabra de Dios; con toda oración y petición orando en todo tiempo en el espíritu, y para ello velando con toda perseverancia y petición por todos los santos.

Fecha

Semana 5 Día 5 — Versículos para hoy

Ap. 19:13-15 — ...Su nombre es la Palabra de Dios. Y los ejércitos de los cielos, vestidos de lino finísimo, blanco y limpio, le seguían en caballos blancos. De Su boca sale una espada aguda, para herir con ella a las naciones...

2 Ts. 2:8 — Y entonces será revelado aquel inicuo, a quien el Señor Jesús matará con el aliento de Su boca, y destruirá con la manifestación de Su venida.

Fecha

Semana 5 Día 4 — Versículos para hoy

Jn. 1:29 — El siguiente día vio Juan a Jesús que venía a él, y dijo: ¡He aquí el Cordero de Dios, que quita el pecado del mundo!

Ef. 2:15 — Aboliendo en Su carne la ley de los mandamientos expresados en ordenanzas, para crear en Sí mismo de los dos un solo y nuevo hombre, haciendo la paz.

Fecha

Semana 5 Día 3 — Versículos para hoy

Os. 11:4 — Con cuerdas de hombre los atraje, con lazos de amor; y fui para ellos como los que alzan el yugo de sobre sus quijadas, y con ternura Yo les daba de comer.

Mt. 4:19-20 — Y les dijo: Venid en pos de Mí, y os haré pescadores de hombres. Y ellos, dejando al instante las redes, le siguieron.

Fecha

Semana 5 Día 2 — Versículos para hoy

Hch. 2:23 — A éste, entregado por el determinado consejo y anticipado conocimiento de Dios, matasteis clavándole en una cruz por manos de inicuos.

Mi. 5:2 — Pero tú, oh Belén Efrata, tan pequeña entre los millares de Judá, de ti me saldrá Aquel que será Gobernante en Israel; y Sus salidas son desde tiempos antiguos, desde los días de la eternidad.

Fecha

Semana 5 Día 1 — Versículos para hoy

Jl. 1:4 — Lo que dejó la langosta que corta, lo comió la langosta que pulula; lo que dejó la langosta que pulula, lo comió la langosta que lame; y lo que dejó la langosta que lame, lo comió la langosta que consume.

3:11 — Apresuraos y venid, naciones todas de alrededor, y congregaos. ¡Haz descender allí a Tus valientes, oh Jehová!

Fecha

The more that we pray is more triumph around us. We need to keep us close to heaven in the Lord. As we open to the blood there is more possessing.

II. The fountain of life has been installed in our being. For now we like them it will us needs the full room to grow.

The life is linking with us to serve us organically.

The function of the soul is to express. Lord shepherd my soul! Open to Him. This is how the Lord will guide us. He knows us better than anyone else. He is the shepherd and overseer of our soul, the overseer is like a mother overseer her child. He is our spirit but he is taking care of our soul. He is restoring, or reviving our soul. Many times we go astray like a lost sheep. Luke 24.

This is how the shepherd our soul.
1 Co 14 without the renewing of the mind, the spirit can't be expressed.
Lord I open my mind to you. We don't need to be fashioned according to our age b/c there will be no renewing of the mind. We need to be submissive and harmonious. we need to have our will dealt.
Lord operate in me Your will. Lord I'm not willing, but energize/operate in me, strengthen me to say amen to your will. On the one hand, the will needs to be soft toward to the Lord, but strong towards the enemy we need to be strengthened in our will.

Lord, I need you help me. help me.

Semana 6 Día 4

Versículos para hoy

Cnt. He aquí, es la litera de Salomón; sesenta
3:7-8 hombres valientes la rodean, de los valientes de Israel. Todos ellos manejan la espada,
y son expertos en la guerra; cada uno tiene
su espada sobre su muslo por causa de las
alarmas de la noche.

Fecha

Semana 6 Día 1

Versículos para hoy

Jl. Apresuraos y venid, naciones todas de alre-
3:11 dedor, y congregaos. ¡Haz descender allí a
Tus valientes, oh Jehová!

Ef. Porque no tenemos lucha contra sangre y
6:12 carne, sino contra principados, contra autoridades, contra los gobernadores del mundo
de estas tinieblas, contra *huestes* espirituales de maldad en las regiones celestes.

Fecha

Semana 6 Día 5

Versículos para hoy

Cnt. Hermosa eres tú, amor mío, como Tirsa,
6:4 bella como Jerusalén, terrible como ejército
con estandartes.

10 ¿Quién es ésta que se asoma como el alba,
hermosa como la luna, límpida como el sol,
terrible como ejército con estandartes?

Ap. Y ellos le han vencido por causa de la sangre
12:11 del Cordero y de la palabra del testimonio
de ellos, y no amaron la vida de su alma,
hasta la muerte.

Fecha

Semana 6 Día 2

Versículos para hoy

He. Así que, por cuanto los hijos son participan-
2:14 tes de sangre y carne, de igual manera Él
participó también de lo mismo, para destruir
por medio de la muerte al que tiene el imperio de la muerte, esto es, al diablo.

Col. Despojándose de los principados y de las
2:15 autoridades, Él los exhibió públicamente,
triunfando sobre ellos en la cruz.

Fecha

Semana 6 Día 6

Versículos para hoy

Ef. Por lo demás, fortaleceos en el Señor, y en el
6:10-11 poder de Su fuerza. Vestíos de toda la armadura de Dios, para que podáis estar firmes
contra las estratagemas del diablo.

13 Por tanto, tomad toda la armadura de Dios,
para que podáis resistir en el día malo, y
habiendo acabado todo, estar firmes.

Fecha

Semana 6 Día 3

Versículos para hoy

Ef. Por lo demás, fortaleceos en el Señor, y en el
6:10 poder de Su fuerza.

Mt. Y Yo también te digo, que tú eres Pedro, y
16:18 sobre esta roca edificaré Mi iglesia; y las
puertas del Hades no prevalecerán contra
ella.

Fecha

We need measuring on You
to turn our day by as the
heart moment. How absolute One.
by moment. Do try they does
the life-giving examining, cost us
spirit or the purgatory. Jesus! my
reaching stage. Did you open something
The spirit is the that part of choose
flow to flow that your being about.
life into man. to Him, When we
We need to take to have a fulfill thy
care of the flow name. flow or life
in our spirit day ◁▷◁▷◁ deepens. Lord,
by day b/c it's Lord, are I don't know
easy to be cut off willing to where the
from the flow. take the price is,
The flow or that way they but if we
river transforms will cost price of
us to match Christ. us everything. our soul
We need to give the I leave it like
flow the preeminence to you, I which we
in our being. If believe it will most dear
we are not absolutely cost me non deny
consecrated, then the everything. by day.
flow may be restricted Lord have the between
in us, and we will freedom in me, we may
have the freedom to if the price loss But
go our own way. We of an inward our loss
may close our being being in is not
off, and therefore we Christ, we have a waste.
are hindering that no freedom
life, and this is a then we realize
crucial matter in our Lord, I see there
experience. is a restriction,
He measures us to Lord, + can
possess us little by pay their price
little, we need to in myself in
open to His myself I am
for myself my
happiness I
lay my hands

Adam
Abel
Enosh
Enoch
Noah

AL-TAYEBAT
X (76)
STARBUCKS
BROOKHURST St
CVS/
WALGREENS
BALL
Grace

The Economy
of 4 and
the building of
of the B.O.C. ch I

The Conclusion of the NT
msg 189-190